SIEGI

Lehmanns Erzählungen

oder

So schön war mein Markt

Aus den Bekenntnissen eines Schwarzhändlers

Bearbeitet von: Gisela Betke Nielsen
Illustrationen: Erik Strøm

GEKÜRZT UND VEREINFACHT FÜR SCHULE
UND SELBSTSTUDIUM

Diese Ausgabe, deren Wortschatz nur die gebräuchlichsten
deutschen Wörter umfasst, wurde gekürzt undin der
Struktur vereinfacht und ist damit den Ansprüchen des
Deutschlernenden auf einer frühen Stufe angepasst.

**Diese Werk folgt der
reformierten Rechtschreibung
und Zeichensetzung**

Herausgeber: Ulla Malmmose

Umschlagentwurf: Mette Plesner
Umschlagillustration: E. S. Odland

© 1964 by Hoffmann und Campe Verlag, Hamburg
© 1991 EASY READERS, Copenhagen
- a subsidiary of Lindhardt og Ringhof Forlag A/S,
an Egmont company.
ISBN Dänemark 978-87-23-90221-4
www.easyreader.dk
The CEFR levels stated on the back of the book
are approximate levels.

Easy Readers
EGMONT

Gedruckt in Dänemark von
Sangill Grafisk Produktion

SIEGFRIED LENZ

Siegfried Lenz wurde 1926 in der kleinen ostpreußischen Stadt Lyck geboren. Durch die Kriegswirren im Jahre 1945 kam er nach Hamburg, wo er noch heute als freier Schriftsteller lebt. Zunächst arbeitete er für Zeitungen und Rundfunk. Ein großer Erfolg wurde seine Sammlung heiterer Geschichten aus dem ostpreußischen Masuren, und seither hat er mit seinen Erzählungen weltweiten Ruhm erlangt.

Die vorliegende Geschichte wurde zuerst im Rundfunk erzählt. Sie wurde immer wieder gesendet, und jedes Mal entstand eine neue Nachfrage. Man wollte das Gehörte nun auch lesen.

ANDERE WERKE DES AUTORS

Romane: Es waren Habichte in der Luft, 1951; Duell mit dem Schatten, 1953; Der Mann im Strom, 1957; Brot und Spiele, 1959; Stadtgespräch, 1963; Deutschstunde, 1968; Das Vorbild, 1973; Heimatmuseum, 1978; Der Verlust, 1981;

Erzählungen: So zärtlich war Suleyken, 1955; Jäger des Spotts, 1958; Das Feuerschiff, 1960; Lehmanns Erzählungen, 1964; Der Spielverderber, 1965; Leute von Hamburg, 1968; Gesammelte Erzählungen, 1970; Der Geist der Mirabelle, 1975; Einstein überquert die Elbe bei Hamburg, 1975;

Szenische Werke: Zeit der Schuldlosen, 1962; Das Gesicht, 1964; Haussuchung, 1967; Die Augenbinde, 191970; Drei Stücke, 1980; Essays: Beziehungen, 1970;

Ein Kinderbuch: So war das mit dem Zirkus, 1971

I

Die Not ist meine schönste Zeit. Schon früh erkannte ich, welche Möglichkeiten der *Mangel* hat, die *Knapp*heit an allen Dingen: Schon als Schüler war mir der Unterschied bekannt zwischen Haben und Nicht-Haben. Und nicht nur dies: ich habe eine Zunge für die Not, ich fühle eine gewisse *Erregbarkeit*, wenn sich irgendwo ein quälender *Bedarf* zeigt. Kurz gesagt: *Armut* ist mein höchstes Glück. Nichts macht mich glücklicher als die Not der anderen. Nie ist meine Fantasie größer, wenn es darum geht, den Mangel der anderen zu *beheben*.

Schon als Junge merkte ich es. Ich merkte es zum Beispiel bei meiner jüngeren Schwester, wenn sie sich Sahnebonbons von mir lieh. Ich half ihr gern aus der Not, wenn sie nichts mehr hatte. Allerdings musste sie diese Not extra bezahlen. Ich bekam die doppelte Menge Bonbons zurück. Und ich bemerkte die Möglichkeiten des Mangels, als sich mein Vater gegen Monatsende den Rest meines Taschengeldes lieh. Zuerst vorsichtig, dann mit Regelmäßigkeit. Ich half ihm, wo ich konnte, denn er zahlte pünktlich fünfzig Prozent *Zinsen*.

---

der Mangel, das Fehlen
knapp, nicht genug
die Erregbarkeit, das Gefühl der Aufregung
der Bedarf, der notwendige Gebrauch
die Armut, das Nichtreichsein
beheben, außer Kraft setzen
die Zinsen, das Extrageld, das man beim Sparen bekommt

So machte ich im zarten Alter die Erfahrung, dass die Not viele Vorteile hat. Sie gibt nicht nur dem zu essen, der an sie glaubt, sondern sie *fördert* auch seine Talente. Denn Talent ist nötig, um all die Chancen zu erkennen, die aus dem Mangel kommen.

In Zeiten des *Überflusses* stirbt die Fantasie. Nichts wird von uns verlangt an Überlegung, an *Abenteuer*, an Unsicherheit: Wem es an irgendetwas fehlt, der macht die Tür des nächsten Geschäfts auf und kauft sich seinen Bedarf.

Diese Zeit ist nicht meine Zeit. Wie *einfallslos*, wie degeneriert ist unser Markt: *überschwemmt* von Waren, kontrolliert von Preis*behörden*. Er wird von Leuten besucht, die immer wissen, was sie brauchen und wie viel sie für die Mark bekommen. Überall kennt man den Wert und den Gegenwert; keine Unsicherheit, kein *Zaudern* und blitzschnelles Zugreifen. Und auf allen Gesichtern, die ich auf dem weißen Markt des Überflusses sehe, liegt die gleiche Freudlosigkeit, die gleiche Selbstsicherheit und der gleiche *Überdruss*. Die Sinne sind nicht mehr scharf, das Bewusstsein denkt nicht mehr an Gewinn: Die große Zeit ist vorbei, die Zeit der wundervollen Not.

Damit ist meine Zeit vorbei: Der Überfluss hat alle meine Talente außer Kraft gesetzt, der Wohlstand hat

---

fördern, Kraft geben
der Überfluss, die übergroße Menge
das Abenteuer, das fantastische Geschehen
einfallslos, ohne Idee
überschwemmen, überfüllen
die Behörde, das Amt
zaudern, zurückhalten
der Überdruss, die Interessenlosigkeit

mir die Fähigkeiten genommen. Alles was mir bleibt, ist die Erinnerung und die Sehnsucht. Ja, an kühlen Abenden habe ich oft Sehnsucht nach der Zeit der Not. Ich erinnere mich an das Abenteuer meines Marktes – des Schwarzen Marktes. Und stumm vor Sehnsucht denke ich an den *Ruhm*, den ich damals hatte. Der Schwarze Markt war mein Beruf.

Er passte zu mir, wie die Stelle eines Kriegspremiers für Churchill passte. Meine Fähigkeiten wurden immer besser und ich kam meiner Vollendung näher. In einigen Hamburger Kreisen begann man schon, ehrenvolle Namen für mich auszudenken. Dann kam der Tag, an dem mein ganzer Körper kraftlos wurde: der 20. Juni 1948, der schlimmste Sonntag der *Währungs*-reform.

Seitdem habe ich gewartet, gehofft, dass meine große Zeit wiederkommt. Bisher ist sie nicht wiedergekommen. Ich finde nur noch den Trost der Erinnerung. Erinnerung ist das einzige, was mich wach hält. Doch da auch sie mehr und mehr an Schärfe verliert wie alte Fotografien, möchte ich alles aufschreiben. Zum Nutzen eines Gleichdenkenden, für mich selbst als Kampf gegen den Überfluss. Wäre ich ein Dichter, würde ich sagen: »Ich singe von dem Schwarzen Markt!« Doch ich bin nur ein Künstler des Mangels und ich möchte nur aufschreiben, wie alles gewesen ist: mein Markt, mein Ruhm, mein *Untergang*. Ich möchte da anfangen, wo es begann, und enden, wo alles endete.

---

der Ruhm, das Berühmtsein
die Währung, das Zahlungsmittel eines Staates
der Untergang, der Ruin

Zuerst kamen Autos mit hohen Offizieren vorbei, Tag und Nacht; dann kamen Omnibusse mit nicht sehr hohen Offizieren, dann Pferdewagen, und zum Schluss staubige Soldaten ohne Waffen. Tag und Nacht marschierten sie an dem *Gutshof* vorbei, in dem wir damals unsere Unterkunft hatten.

Die Offiziere in den Autos und Omnibussen sahen enttäuscht aus, saßen mit schweigender Bitterkeit in den Ledersitzen, und die Soldaten winkten uns zu und lachten und riefen, dass der ganze *Mist* jetzt vorbei war. Alle, die müde und lachend vorbeimarschierten, riefen es uns zu, Tag und Nacht. Und schließlich hat es unser Admiral gehört, denn er nahm sein Auto und fuhr enttäuscht weg. Und nachdem er weg war und die waffenlosen Soldaten nicht aufhörten zu rufen, setzte sich unser Kapitän mit den vielen Leutnants in den Omnibus und fuhr ebenfalls enttäuscht weg. Für den Bootsmann war kein Pferdewagen da. Er verließ uns zu Fuß und während draußen noch immer Soldaten vorbeimarschierten, rief der letzte Unteroffizier die Soldaten zusammen. Er erklärte uns, dass nun alles vorbei war. Er führte uns ins Warenlager und befahl uns, alle Sachen zu nehmen. Wir sollten so viel nehmen, wie wir tragen konnten. Denn hinterher wollte er den Rest in die Luft *sprengen*. Wir suchten schnell nach Sahne, Milch, nach Kognak, Zigaretten und Schokolade, aber merkwürdigerweise fanden wir nur *Sauerkraut* in Dosen und fettes Schweinefleisch. Die besseren

---

der Gutshof, ein großer Bauernhof
der Mist, hässliches Wort für: der Unsinn
sprengen, hier: kaputtmachen
das Sauerkraut, ein Gemüse

Sachen waren wahrscheinlich aufgebraucht.

Als ich mit meinem *Seesack* ankam, war nicht einmal mehr fettes Schweinefleisch da. Ich suchte *verzweifelt* herum, bis ich einen großen Kasten fand. Offenbar war nichts darin zu finden und man hatte ihn mit dem Fuß in eine Ecke gestoßen. Ungeduldig öffnete ich den Kasten und sah, dass er mit Sahnelöffeln gefüllt war, Hunderten von Sahnelöffeln in rosa glänzendem Papier. Als ich dem Kasten gerade den letzten Fußtritt geben wollte, rief der Unteroffizier, dass die Sprengung vorbereitet war. Verzweifelt sah ich mich um. Nichts war in der Nähe als Sauerkraut und Berge von grauer Seife. Der Anblick war schon genug, dass es mir kalt über den Rücken lief. Ich stand vor der Wahl: entweder musste ich ohne etwas umkehren oder mit dem absurden Reichtum der Sahnelöffel in Sicherheit kommen. Denn etwas musste ich doch mitnehmen! So *zwängte* ich den Kasten mit Hunderten von Sahnelöffeln in meinen Seesack, hob ihn auf die Schulter und brach beinahe unter dem Gewicht zusammen. Doch die Gefahr gab mir die rettende Kraft: ich ließ den Seesack die Treppe hinunterfallen und sprang hinterher, gerade noch rechtzeitig genug.

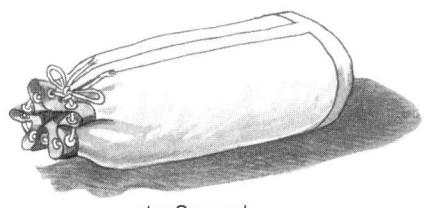

der Seesack

---

verzweifelt, unglücklich
zwängen, mit Mühe und Gewalt hineintun

Später – nach der Sprengung – habe ich die Löffel gezählt. Es waren zweihundertvierzig. Mit ihnen auf dem Rücken zog ich die Straßen, die auch die lachenden Soldaten gegangen waren, entlang. Der ganze Mist war jetzt vorbei.

Auch die Soldaten brachten etwas aus dem Krieg nach Hause: Konserven, Kognak, Werkzeuge oder Zigaretten. Einer erzählte mir, dass er sich zehntausend Stopfnadeln aus einem Warenlager geholt hatte, bevor es in die Luft gesprengt wurde. Jeder brachte etwas mit nach Hause, manchmal die *seltsamste Beute*, doch keiner hatte Sahnelöffel. Sahnelöffel hatte nur ich. Diesen

---

seltsam, merkwürdig
die Beute, die gestohlenen oder gefundenen Sachen

überraschenden Besitz verdanke ich nur der Tatsache, dass unsere Kompagnie zwei Jahre in Dänemark gewesen war.

So war ich, als der Friede kam, Besitzer von zweihundertvierzig Sahnelöffeln. Ein Besitz, der mich anfangs verwirrte, denn ich hasste Sahne. Und wenn es sein musste, konnte ich die Sahne auch mit einem einfachen Löffel essen. Das verwirrte mich zuerst sehr.

Und es gab Stunden, in denen ich meinen Besitz *verfluchte*. Doch ich brachte es nicht übers Herz, mich von meinem Besitz zu trennen. Vor allem deshalb nicht, weil ich die Sahnelöffel mit der Zeit als ein
5 nicht bezahltes Honorar ansah. Jetzt bezahlte man mich für den ganzen Mist, in dem ich gesteckt hatte. Ich behielt es also bei mir, wanderte in südliche Richtung und kam nach Kriegsschluss nach Hamburg.

Ich konnte mich nicht entscheiden, ob mir die Stadt
10 gefiel. Deshalb marschierte ich zum Bahnhof, ging in den Warteraum und schob den Seesack unter den Tisch. So wie alle, die ich sah und die einen Fuß auf ihren Koffer, ihren Karton oder ihren Sack gestellt hatten, stellte ich einen Fuß auf meinen Seesack.
15 Ich bestellte eine warme Gemüsesuppe und hinterher einen Gemüsesalat. Während ich aß, kam ein kleiner Junge an meinen Tisch, Fröhlichkeit im Gesicht. Er *beobachtete* mich durch das blassgrüne Glas einer Flasche, *schnitt Grimassen*, setzte sich unter den Tisch
20 und *nestelte* an meinem Seesack. Und bevor ich ihn wegjagen konnte, hatte er drei Sahnelöffel in der Hand, mit denen er zu seiner Mutter rannte. Seine Mutter riss ihm die Löffel aus der Hand und brachte sie mir unter Entschuldigungen zurück.
25 Als ich bezahlen wollte und den *verdrossenen* Kellner heranwinkte, fiel sein Blick sofort auf die Sahnelöffel.

---

verfluchen, hässliche Worte sagen
beobachten, scharf ansehen
Grimassen schneiden, das Gesicht unnatürlich machen
nesteln, zu öffnen versuchen
verdrossen, ärgerlich

Überraschend *beugte* er *sich* zu mir herunter und *flüsterte*: »Wie viel?«

Und ich flüsterte zurück: »Wie viel was?«

Er legte eine Schachtel englische Zigaretten auf den Tisch, legte fünfzig Mark dazu, steckte die Löffel ein und fragte: »Einverstanden?«

Ich verstand schneller, als es ihm angenehm war, obgleich ich mir Mühe geben musste, meine *Verblüffung* zu *verbergen*. Ich brachte einen merkwürdigen Ausdruck in mein Gesicht, worauf er zwanzig Mark dazulegte und ging. Instinktiv hob ich meinen Seesack hoch und nahm ihn fest zwischen die Knie. Erst in diesem Augenblick wurde mir klar, welch einen *Schatz* ich bei mir hatte.

Meine Verblüffung ging und ging nicht vorüber. In welch eine Zeit war ich hineingekommen? Was bedeutete es, dass man nur Sahnelöffel auf den Tisch zu legen brauchte und sofort ein *Angebot* bekam? War das die neue Währung? Brachten die Leute jetzt vielleicht Sahnelöffel als Lohn nach Hause? Wahrscheinlich – so sagte ich mir – hatten alle Sachen während meiner *Abwesenheit* einen neuen Wert bekommen, und Sahnelöffel hatten einen neuen Kurs bekommen.

Neugier erwachte in mir. Die freie Hansestadt Hamburg begann mir zu gefallen. Mit zweihundertsiebe-

---

sich beugen, den Körper nach unten biegen
flüstern, sehr leise sprechen
die Verblüffung, die große Überraschung
verbergen, verstecken
der Schatz, der wertvolle Besitz
das Angebot, das Annoncieren von Waren
die Abwesenheit, das Wegsein

nunddreißig glänzenden Sahnelöffeln auf dem Rücken beschloss ich ein Zimmer zu suchen.

Das Wohnungsamt war wegen Überfüllung geschlossen. Doch ich konnte warten. Ich legte mich neben die
5 rote Mauer und legte meinen Seesack unter den Kopf. Ich schlief nicht ein, denn die ganze Zeit kamen Leute vorbei, wütende, schimpfende Menschen, die ohne Ergebnis diskutiert hatten. Nun ließen sie die interessantesten Flüche hören. Ich merkte mir einige Flüche
10 für alle Fälle. Dann wurden die nächsten hereingelassen und sie gingen unendlich langsam durch die Gänge. Sie verteilten sich vor den Zimmertüren, an denen Schilder angebracht waren.

Und schließlich stand ich in einem kalten, leeren
15 Raum, stand vor einem feindlichen, verdrossenen Gesicht, das sozusagen lippenlos geworden war vom vielen Neinsagen. *Argwöhnisches* Warten, während ich nach einem sehr höflichen Gruß meinen Seesack laut fallen ließ, ihn aufmachte und wortlos – ohne Eile –
20 einige Sahnelöffel aus dem rosafarbenen Papier nahm. Mit großer Natürlichkeit legte ich das glänzende Zeug auf den Tisch, hinter dem das feindliche Gesicht stand. Jetzt sah ich es melancholisch und mit großen Augen an und sagte leise: »Nun bin ich zurückgekom-
25 men. Ich habe mir erlaubt, unterwegs an Sie zu denken. Es ist nur ein kleiner Gruß aus dem Krieg.«

Dann ließ ich den Blick fallen, sah zwei gelbliche, dünne Hände über dem Tisch hervorkommen und nach den Sahnelöffeln – es waren sieben – greifen.

---

argwöhnisch, skeptisch

Wie ein Fisch nach einem Insekt springt. Ich sah weiter, wie meine Löffel herabgezogen wurden in eine *Schublade*. Als ich den Kopf wieder hob, sah ich ein nachdenkliches Gesicht vor mir.

»Ich habe nur ein unheizbares Zimmer.«

»Das ist genug«, sagte ich. In Gedanken war ich bei den zweihundertdreißig Sahnelöffeln, die noch im Seesack steckten.

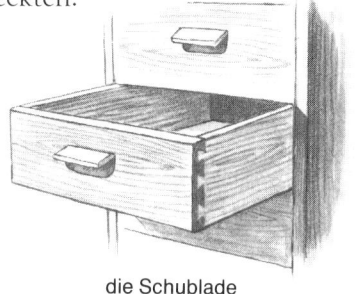

die Schublade

Dann bekam ich meinen *Einweisungsschein*, wechselte einen warmen Händedruck und machte mich vergnügt *pfeifend* auf den Weg, verfolgt von den Blicken der Wartenden.

Meine Wirtin, eine melancholische, athletische Frau, begrüßte mich, blickte kurz auf den Einweisungsschein und zeigte mir mein Zimmer. Sie hatte früher bei der Polizei gearbeitet, war norddeutsche Judo-Meisterin gewesen, doch aus irgendeinem Grund hatte sie frühzeitigen Abschied genommen.

Zur Bergrüßung kochte sie Kaffee. Ich schenkte ihr

---

der Einweisungsschein, das amtliche Papier, dass man in einer Wohnung wohnen darf
pfeifen, mit rundem Mund Töne einer Melodie ausstoßen

einen Sahnelöffel, den sie lange *betrachtete* und mir dann zurückgeben wollte. Sie glaubte nämlich, dass er zu wertvoll wäre. Ich erzählte ihr, wie viel ich davon besaß. Sie verschwand für kurze Zeit und kehrte mit
5 einer Flasche zurück. Die Flasche war mit *Schnaps* gefüllt. Wir tranken den Schnaps, worauf ich mich auf das Sofa legte und acht Tage liegen blieb. Meine Wirtin sorgte für mich. Fleißig ging sie hin und her, brachte Tee, Käsebrote, manchmal auch Fleisch und Honig.
10 Leise servierte sie, leise servierte sie ab, und nach acht Tagen war ich ausgeschlafen und die Wirkung des Alkohols war vorbei. Während ich mich vergnügt in der Küche rasierte, brachte sie das Frühstück herein. Und dieses Frühstück war sozusagen die Wiedergeburt
15 eines jungen Mannes aus dem Geiste des Mangels.

Sie – meine Wirtin – gestand mir, dass sie während meiner achttägigen Müdigkeit mehrere Sahnelöffel eingetauscht hatte. Auf dem Schwarzen Markt – wie sie sagte – und sie erzählte mir, dass sie Käse, Fleisch
20 und Honig dafür bekommen hatte. Von ihr hörte ich den Ausdruck zum ersten Mal: »Schwarzer Markt«; ich muss gestehen, dass ich einen Augenblick an *Brikett* dachte, doch nur einen Augenblick, denn ich hatte sofort eine merkwürdige Sympathie für diesen Aus-
25 druck, eine unerklärliche Sympathie.

Ich wiederholte unhörbar diesen Ausdruck, der Geheimnis und Vorteil zu versprechen schien. Und später, nachdem ich gefrühstückt hatte und nachdem ich nähere Auskünfte bekommen und mir – für alle Fälle –

---

betrachten, ansehen
der Schnaps, der Alkohol
das Brikett, ein schwarzes Brennmaterial

einige Sahnelöffel eingesteckt hatte, wanderte ich los, um den Schwarzen Markt selbst zu sehen. Meine Wirtin hatte mir die Straße beschrieben, in der mein Markt stattfand. Eine stille *Trümmer*straße, in der früher schöne Häuser gestanden hatten. Ich fuhr hin, glücklich und verwirrt. Ah, ich werde diesen ersten Tag nie vergessen, die merkwürdige Überraschung, die ich hatte. Ich hatte keinen Plan. Ich wollte nur sehen und ich sah mehr, als ich erwartet hatte.

Die Sonne schien. Die Straße war still, ohne Verkehr. Es gab keinen *Stand*, keine *Marktbude*, nur Männer und Frauen, die hin und her wanderten, langsam nach außen hin, aber mit versteckter *Wachsamkeit* in ihren Gesichtern.

der Stand   die Marktbude

Sie gingen vorbei, ohne einander anzusehen, mit gespielter *Gleichgültigkeit*. Niemand schien in Eile zu sein. Auch ich ging die stille Straße hinunter, *schlenderte* wie die anderen.

---

die Trümmer, die Ruine
die Wachsamkeit, die Aufmerksamkeit
die Gleichgültigkeit, die Interessenlosigkeit
schlendern, langsam gehen

War das der Markt, von dem ich geträumt hatte?
Wo war das Geheimnis?
Wo war der Vorteil?
Und wie kaufte und verkaufte man?

Aufmerksam ging ich weiter, und dann, ja, dann merkte ich es: Ich hörte die Vorbeigehenden leise sprechen. Es klang wie Selbstgespräche. Ich musste an Kinder denken, die zum Einkaufen geschickt werden, und die die ganze Zeit wiederholen, was sie mitbringen sollen: einen Liter Milch, einen Liter Milch ...

Auch die Leute, die sich hier langsam aneinander vorbeischoben, wiederholten die ganze Zeit dieselben Worte. Vielleicht hatten sie Angst, sie könnten ihr *Stichwort* vergessen. Ich hörte genau hin, hörte Stimmen, die im Vorbeigehen »Brotmarken« oder »Nähgarn« flüsterten. Ich hörte eine Frau, die mit niedergeschlagenem Blick nur ein einziges Wort sagte: »Marinaden, Marinaden«. Ein alter Mann flüsterte: »Bettwäsche«, und ein Mädchen mit rotem Gesicht sagte: »Amis«. Jede Stimme bot etwas anderes an: Schuhe, Fischwurst, Stopfnadeln, Uhren, Fleisch, Kaffee und Eipulver. Niemand kam zu nahe, niemand schrie. Wie *wohltuend* war doch die Schweigsamkeit meines Marktes.

Während ich leise »Sahnelöffel, Sahnelöffel« zu flüstern begann, fühlte ich die tiefere Bedeutung dieses Geschehens. Die *Nachfrage* war größer als das Angebot. Der Mangel triumphierte, bestimmte den Kurs, und die Menschen bewiesen, dass sie dem Mangel

---

das Stichwort, das wichtigste Wort in einem Text
wohltuend, angenehm
die Nachfrage, der Bedarf an Waren

gewachsen waren. Eine Kontrolle der alten Werte hatte stattgefunden. Die Not setzte den Preis fest. Man kaufte, was man gerade brauchte, und nicht, was man zu brauchen glaubte. Der Bedarf hatte den *Vorrang*. Die Bezahlung wurde von dem Verbrauch des Augenblicks, nicht von dem Verbrauch der Zukunft bestimmt. Und was besonders zu Ehren kam, war die alte Form der ersten Märkte: der Tausch.

Ich selbst merkte es. Denn nachdem ich mehrmals »Sahnelöffel, Sahnelöffel« geflüstert hatte, lief ein *hagerer* Mann hinter mir her, stieß mich hinter eine zerbrochene Mauer, wo ich – nur aus Spaß und Neugier – ein *Angorakaninchen* eintauschte.

das Angorakaninchen

Allerdings trug ich es nicht nach Hause, sondern tauschte es gleich gegen Unterwäsche aus Wolle um. Dafür bekam ich wieder englische Zigaretten und bezahlte mit ihnen drei Flaschen Bratenöl. Als ich später nach Hause kam, merkte ich, dass es Torpedoöl war. Die Bratkartoffeln erinnerten mich zwar an eine Seeschlacht, aber ich war mit allem zufrieden. Ich war auf den Geschmack gekommen. Der erste Handel auf

---

der Vorrang, die erste Stelle
hager, sehr dünn

dem Schwarzen Markt hatte mich bereits elektrisiert. Ein Ziel begann sich deutlich zu zeigen. Ich wusste, dass ich dieses Ziel *erreichen* würde. Ich hatte ohne Anstrengung einen Beruf gefunden. Das Abenteuer konnte beginnen.

---

erreichen, schaffen

II

Mit dem Ruhm ist es wie mit dem Geld. Das erste Geld bekommt man sehr mühsam. Von einer bestimmten Höhe ab braucht man nichts mehr zu tun. Dann *vermehren sich* Ruhm und Geld nach dem Gesetz der Natur.

Auch mein Anfang war von Mühe nicht frei. Zwar besaß ich noch über zweihundert Sahnelöffel, doch ich kann nicht sagen, dass es genug war, um meinen Namen auf dem Schwarzen Markt bekannt zu machen. Ich benutzte die Löffel höchstens manchmal zu Geschäften: Ich tauschte ein Bett ein, ein Bild und einen Kasten Margarine. Aber es gelang mir nicht, einen interessanten Namen zu finden, sozusagen eine Qualitätsmarke meines Schwarzen Marktes.

Das kam erst später, und zwar bei einer Siegesfeier, die unsere alliierten Freunde in ihrem Victory-House feiern wollten. Diese Siegesfeier verhalf mir zu einem unerwarteten Ruhm. Und ich kann sagen, dass mich ein ganzes Bataillon der berühmten »*Wüstenratten*« als Künstler des Mangels feierte. Diese Wüstenratten hatten in Nordafrika so bemerkenswert gekämpft.

Die Siegesfeier, die unsere alliierten Freunde feiern wollten, litt an einem überraschenden Mangel: Es fehlte ein gewisses Quantum Schnaps, ohne den ja – das weiß jeder – auch ein strahlender Sieg eine traurige Sache werden kann. Und außerdem handelte es sich

---

sich vermehren, immer größer werden
die »Wüstenratten«, die britischen Soldaten, die im 2. Weltkrieg in Nordafrika kämpften

bei den Teilnehmern der Feier um »Wüstenratten«, bei denen man einen chronischen Durst erwarten musste.

Ich hörte das von Allan, einem sehr freundlichen Korporal, den meine Wirtin eines Tages in die Wohnung
brachte. Allan war Kantinen-Korporal. Jedes Mal, wenn Allan uns besuchte, war er *gepolstert* mit Schokolade, Konserven und Kaffee. Am Anfang suchten wir ihn in wildem Spiel Zentimeter für Zentimeter ab, doch später sahen wir zu, wie er sein Hemd hochzog und seine Sachen auf den Boden fallen ließ.

Seine Lustlosigkeit war an diesem Abend besonders groß. Er erzählte uns, dass alle seine Kameraden der Feier ohne Freude entgegensahen. Denn für jeden Mann war nur eine drittel Flasche Whisky bestimmt. Wir, meine Wirtin und ich, fühlten freundschaftliches Bedauern, ja, sogar *Mitleid*. Es handelte sich ja um den fehlenden Alkohol.

Es tat mir wirklich Leid und ich suchte verzweifelt nach einer Möglichkeit, für das ganze Bataillon Alkohol zu besorgen. Ich fand keine Möglichkeit, doch in *leichtsinnigem* Mut sprang ich plötzlich auf und sagte zu Allan:

»Sorry, Allan, dass ihr für die Siegesfeier keinen Schnaps habt, sehr sorry. Aber macht euch keine Sorgen. Ich werde ihn besorgen, und zwar für alle, fürs ganze Bataillon.«

Allan gab mir sofort die Hand, meine Wirtin jedoch sah mich mit zweifelnder Skepsis an. Ich gestehe, in

---

gepolstert, gefüllt, ausgestopft
das Mitleid, das Mitgefühl
leichtsinnig, gedankenlos

diesem Augenblick war ihre Skepsis am Platze. Ein wesentliches Element des Schwarzen Marktes ist die Überraschung, ist der Zufall. Das heißt, man kauft zuerst nicht das, was man gern haben will, sondern was zufällig oder billig angeboten wird. Der schönste Markt ist immer da, wo man den Augenblick nutzen kann.

Worauf hatte ich mich nur eingelassen mit meinem leichtsinnigen Versprechen? Konnte mein Markt solch ein Angebot bereithalten?

Nachdem Allan gegangen war, machte meine Wirtin mir die erwarteten *Vorwürfe*. Sie liefen an mir herunter wie Wasser an einer *Ente*. Ich fühlte, dass ich eine Chance hatte und ich glaubte an sie.

die Ente

Am nächsten Morgen ging ich in die Trümmerstraße, wo – lautlos und argwöhnisch – der Schwarze Markt stattfand. Aufmerksame Gesichter schoben sich vorbei. Ich hörte die halblauten, geflüsterten Angebote: »Marinaden, Marinaden«. Ich hörte eine Frauenstimme sagen: »Socken für den Winter«, Angebote, die ich nicht zur Kenntnis nahm.

Eine Unruhe begann in mir. Ich dachte an die Siegesfeier, an ein durstiges Bataillon von »Wüstenratten«, das sich auf die Feier freute und an mein Versprechen glaubte. Ich hatte vier Tage Zeit. Ich ging die Straße

---

der Vorwurf, die Beschuldigung

hinauf und hinunter, *horchte* auf die Stimmen und berechnete Preis und Gewinn: vier Schachteln Zigaretten wollten die »Wüstenratten« für eine Flasche zahlen. Eine Schachtel kostete hundertzwanzig Mark, eine Flasche Schnaps zweihundertvierzig. Schnell rechnete ich alles durch und kam zu dem Ergebnis, dass ich bei ungefähr fünfhundert Flaschen tausend Schachteln Zigaretten bekommen konnte. Triumph der Möglichkeit! Mit der Erregbarkeit eines Künstlers sah ich mich um. Es sah schwarz aus.

Obgleich ich – bis auf eine kurze Mittagspause – den ganzen Tag arbeitete, hörte ich nur zweimal eine Stimme »Alkohol« flüstern. Einmal war es ein Kognak aus der Zeit Napoleons, den eine alte Dame anbot. Beim zweiten Mal handelte es sich um einen *Kanister* Brennspiritus, den ein Mann anbot. Nach kurzer Überprüfung verzichtete ich auf beides.

der Kanister

Schon wollte ich den Schwarzen Markt verlassen, als – in der *Dämmerung* – doch noch das Glück kam. Dieses Glück – das sich allerdings später als nicht vollständig rein zeigte – kam in Gestalt einer kräftigen, energischen Frau, die wie ein Schiff durch die Trümmerstraße fuhr. Sie blickte selbstsicher um sich und sagte – ohne

---

horchen, aufmerksam zuhören
die Dämmerung, das Halbdunkel

eine Hand vor den Mund zu nehmen – »*Fusel*«, »prima
Fusel«. Sie sagte nicht Kognak oder Schnaps oder
Alkohol, sondern »prima Fusel«. Und es klang nicht
wie Übertreibung. Mir schien, dass sich dahinter ein
köstlicher Tropfen verbarg. Als sie es zu mir sagte, hob
ich den Kopf, *nickte* und zeigte ihr durch mein Nicken,
dass ich interessiert war. Von diesem Augenblick an
schwieg sie, gab mir Gelegenheit, ihrer Spur zu folgen.
Sie ging vor mir her zu einer *Kneipe*. An einem Ecktisch
nahmen wir Platz und wir gaben uns die Hand wie alte
Bekannte – eine Beobachtung, die ich später noch oft
machte. Der Schwarze Markt verband die Menschen in
einer ganz bestimmten Art. Es war tatsächlich so etwas
wie eine schwarze Familiarität. Man kam ohne große
Mühe zueinander. Außerdem hatte er in gewisser Weise auch Einfluss auf die Sprache und zeigte ein überraschendes *Vokabular*. Beispielsweise sagte das Schiff, als
wir uns an den Ecktisch setzten: »Anita enttäuscht
nicht. Wie viele Flaschen willst du haben?«

Ich *zögerte* und dachte, dass sie mir vielleicht zehn
Flaschen geben konnte. Um ihr meinen Bedarf zu zeigen, sagte ich träumerisch:

»Fünfhundert.«

Sie zögerte nicht einen Augenblick, sondern sagte
ohne Überraschung:

---

der Fusel, schlechter Schnaps
köstlich, sehr gut schmeckend
nicken, den Kopf hin- und herbewegen
die Kneipe, das Gasthaus
das Vokabular, die Wörter in einem Lexikon
zögern, zaudern

»Fünfhundert? Bis wann?«
»Bis morgen«, sagte ich.
»Bei Überarbeit wird es möglich sein«, sagte sie.
»Fünfhundert?«, fragte ich skeptisch.
»Die Flasche für zweihundertfünfzig«, sagte sie.
»Für zweihundert«, sagte ich.
»Für zweihundertvierzig«, sagte sie.
»In Ordnung«, sagte ich, denn damit waren wir auf dem Preisniveau, das ich berechnet hatte. Bevor wir noch über die Einzelheiten sprachen, machte mir Anita ein neues, überraschendes Angebot. Sie sagte: »Ich habe feine *Unterröcke*. Bei gleichzeitigem Kauf ist die Flasche 40 Mark billiger. Diese Qualität!«

Bei diesen Worten zog sie ihren Rock etwas hoch. Darunter trug sie sechs Unterröcke von feinster Qualität. Doch ich konnte mich zu dem Doppelgeschäft nicht *entschließen*. Wenn meine *Auftraggeber* Schotten gewesen wären, hätte ich ohne Zögern zugegriffen. Die »Wüstenratten« aber trugen Hosen und so musste ich damit rechnen, dass in diesem Fall kein Mangel war. Zum Zeichen meines Verzichts zog ich ihren Rock über das Angebot und sprach mit ihr über die Bedingungen unseres Geschäfts.

Anita gab mir eine Adresse, nannte eine Stunde, zu der ich mit einem Jeep dort warten sollte. Bezahlung bei *Entgegennahme* der Ware. Dann tranken wir einen Schnaps zusammen, sprachen ein wenig über Politik und *verabredeten* uns für den nächsten Abend.

---

sich entschließen, entscheiden
der Auftrag, die Bestellung
die Entgegennahme, das Erhalten
verabreden, Zeit und Ort bestimmen

Allan war pünktlich. Er kam mit dem Kantinen-Jeep, auf dem die Zigaretten lagen. In glücklicher Erregung fuhren wir los und suchten die Adresse. Wir fuhren auf und ab, ohne die Nummer zu finden, die Anita genannt hatte. Es waren kaum Häuser in der Gegend, und die Nummer 28 bis 30 gehörte – obgleich wir es zuerst nicht glauben wollten – dem Naturmuseum. Es lag still und in schweigender Dunkelheit vor uns.

Enttäuscht hielten wir schließlich und warteten. Auf einaml – nie werde ich es vergessen – kam Anita in weißer *Schürze* durch den Gang, lautlos wie der fliegende Holländer. Sie kam einige Stufen herab und sah sich um. Dann winkte sie mir zu und ich ging hinauf. Wortlos griff sie meine Hand und führte mich durch dunkle Gänge, in denen es sehr schlecht roch. Wir gingen eine Steintreppe hinab, wo es kalt wurde. Ich merkte, dass wir im Keller waren. Vorsichtig drückte sie eine Tür auf. Der Raum war *erleuchtet*, und was ich sah, nahm mir für einen Augenblick die Sprache.

der Unterrock   die Schürze   der Kittel

erleuchtet, hell gemacht

Ein sehr junger und ein sehr alter Mann, beide in weißen *Kitteln*, waren damit beschäftigt, eine endlose Reihe von runden, dicken Gläsern zu öffnen, Gläsern, wie sie zum Unterricht in den Schulen gebraucht wer-
5 den. Ein einziges elektrisches Licht brannte und in seinem Schein bemerkte ich, dass viele der Gläser gefüllt waren: *Frösche* schwammen darin, *Kaulquappen*, Tiere, die wie *Ringelwürmer* aussahen, Fische, schwarze *Vipern*, Tier*leichen*.

der Frosch   die Kaulquappe

der Ringelwurm   die Viper

10 Schnell *kippten* die Männer den Inhalt der Gläser in ein großes *Sieb*, das über einem *Bottich* hing. Sie *summten* bei der Arbeit ein Lied. Die toten, *glitschigen* Tiere füllten das Sieb und tropften langsam ab. Ich sah, dass auf den Gläsern Schilder waren, und dass es nach
15 Alkohol roch.

---

der Kittel, siehe Zeichnung auf Seite 27
die Leiche, der tote Körper
kippen, hineintun
summen, mit geschlossenem Mund eine Melodie singen
glitschig, sehr glatt

Anita beobachtete mich triumphierend, zeigte dann in eine Ecke, in der eine Anzahl abgefüllter Flaschen stand, und sagte:

»Vierhundertfünfzig sind o.k., Junge. Garantiert prima Fusel! Den Rest müssen wir noch abgießen.«

Ich blickte verwirrt auf dieses Bild und dachte an das Bataillon von »Wüstenratten«, an ihre Siegesfeier, auf die sie sich bereits freuten. Meine gequälte Phantasie zeigte mir Kaulquappen im Glas, rosa Fleisch eines seltenen Fisches, das eine »Wüstenratte« plötzlich bemerkte. *Schaudernd* drehte ich mich um.

»Was ist los?«, fragte Anita. »Das ist prima Ware. Davon wird bestimmt dein ganzes Bataillon betrunken.«

»Die Tiere«, sagte ich.

»Den Tieren macht das nichts aus«, sagte Anita, »die sind tot.«

»Aber der Geschmack«, sagte ich, »der ganze Schnaps schmeckt doch nach Ringelwürmern und Fröschen.«

»Keine Spur«, sagte Anita, »das ist prima Präparieralkohol, hochprozentig, nur ein bisschen braun geworden, aber das macht nichts. Jetzt sieht er gerade wie ein alter Kognak aus. Probier mal!«

Sie hielt ein Glas unter das tropfende Sieb, wartete,

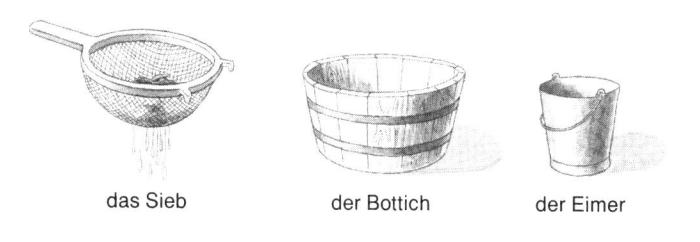

das Sieb	der Bottich	der Eimer

---

schaudern, sich vor Schrecken oder Kälte schütteln

bis es zur Hälfte vollgefüllt war und gab es mir.

»Versuch mal, schmeckt sehr gut.«

Ich winkte dankend ab. Sie setzte das Glas an den Mund, trank es mit einem Schluck aus, *seufzte* genießerisch und wischte sich den Mund ab.

»Der Schnaps ist für eine Siegesfeier bestimmt«, sagte ich.

»Sehr gut«, sagte Anita, »wir können ihn Victory-Schnaps nennen. Wer ihn trinkt, vergisst ihn nie.«

Dann schob sie mich zur Seite, nahm das Sieb vom Bottich, warf die Tiere in einen *Eimer* und begann, leere Flaschen zu füllen. Dabei sang sie die Melodie, die ihre beiden Mitarbeiter summten.

Während sie die letzten Flaschen füllte, ging ich zurück zu Allan, der draußen wartete. Voll glücklicher Erwartung fragte er mich:

»Alles fein, ja?«

Ich sah ihn lange an, bevor ich antwortete. Nein, ich brachte es nichts übers Herz, ihm die Freude auf die Siegesfeier zu nehmen. Ich nickte und sagte:

»Alles fein. Gleich können wir aufpacken.«

Ich hatte ja selbst gesehen, dass Anita es getrunken hatte. Warum sollten die »Wüstenratten« *empfindlicher* sein?

Wir warteten noch einen Augenblick. Dann stiegen wir beide in den Keller und fanden Anita. Allan machte die Schnapsprobe. Er blickte auf die Flaschen, die auf der Erde standen, beugte sich herab und bat

---

seufzen, einen klagenden Ton ausstoßen
der Eimer, siehe Zeichnung auf Seite 29
empfindlich, zart, feinfühlend

Anita, eine bestimmte Flasche zu öffnen. Sie tat es mit strahlender Freude. Ich drehte mich um und hielt den Atem an, als ich das *Gluckern* der Flasche hörte. Jeden Augenblick erwartete ich eine Explosion, doch zu meiner Überraschung hörte ich Allan seufzen, wie Anita geseufzt hatte. Er stieß mich in den Rücken und sagte:
»Alles fein, alles fein!«

Dann fuhren wir den Jeep auf den Hof an ein Kellerfenster. Und während Allan und die beiden Helfer den Schnaps auf den Wagen packten, regelte ich mit Anita den geschäftlichen Teil. Das heißt: ich rechnete mein Honorar von tausend Schachteln Zigaretten für mich ab.

Mit den Sahnelöffeln zusammen hatte ich jetzt ein zufrieden stellendes Anfangskapital. In der Zeit des Schwarzen Marktes bedeuteten Zigaretten und Sahnelöffel so viel, dass man der Zukunft ruhig entgegensehen konnte.

Da dieser Markt schwarz war, hatte jeder viele Risiken. Es versteht sich von selbst, dass es keine Sicherheitsgarantien gab. Ich persönlich nannte die Zeit zwischen dem Verkauf und dem Augenblick, als der Kunde nicht mehr zu sehen war, die Qual des freien Schussfeldes. Man wird verstehen, warum: Wenn man sich nämlich – auch nur für kurze Zeit – aus den Augen verloren hatte, dann war man in Sicherheit. Jeder Tausch war dann unmöglich. Kein Geschäft konnte man *rückgängig* machen. Man musste nur, wie gesagt, das freie Schußfeld hinter sich bringen.

---

gluckern, hörbar fließen
rückgängig, ungültig

Bei der Siegesfeier der »Wüstenratten« endete das freie Schussfeld an dem Tag, an dem alle, die von Anitas prima Fusel getrunken hatten, erwachten. Ich lag unruhig in meinem Zimmer. An Schlaf war nicht zu denken. Immer wieder zog es meine Gedanken zum Victory-House: Was würde dort geschehen? Welche Überraschung würde die Feier bringen? Unruhig *wälzte ich mich* in meinem Bett und als ein Jeep unten auf der Straße hielt, laute Stimmen meinen Namen riefen, sprang ich auf und zog mich schnell an.

Zwei fremde »Wüstenratten«, die stark nach Fusel rochen, kamen herein und baten mich mitzukommen. Ich ging mit und nahm zwischen ihnen im Jeep Platz. Wieder trug meine Phantasie mir quälende Bilder zu: Soldaten, die sich vor Schmerzen am Boden wälzten. Andere, die der Fusel verrückt gemacht hatte. Und wieder andere, die keine *Hemmungen* mehr hatten und ihre Offiziere quälten. Schließlich kann niemand wissen, wie ein Alkohol wirkt, in dem jahrelang Frösche, Vipern und Ringelwürmer gelegen haben.

Lallend zogen mich die Soldaten vor dem Victory-House aus dem Jepp, führten mich eine Treppe hinauf in einen großen Raum. Und in dem Augenblick, als ich in den Raum trat, sprang Allan auf einen Tisch, zeigte auf mich und rief etwas, was ich in meiner Erregung nicht verstehen konnte. Jedenfalls begann ein großer Lärm. Ich hörte Freudenschreie, Mützen flogen durch die Luft und mindestens zweihundert »Wüstenratten« schüttelten mir die Hand. Zwei von ihnen

---

sich wälzen, den Körper unruhig drehen
die Hemmung, die Selbstkontrolle
lallen, undeutlich sprechen

der Order

steckten mir ihre *Orden* an die Jacke. Schließlich kam ein Offizier auf mich zu, winkte, worauf ein Soldat mit zwei Gläsern und einer von Anitas Flaschen kam.

»Ich trinke jetzt«, so sagte der Offizier, »auf den Mann dem wir die Stimmung dieser Feier verdanken, der uns diesen wunderbaren Schnaps besorgt hat.«

Ich sah schaudernd in mein Glas. Was sollte, was konnte ich tun? Ich trank, trank mit geschlossenen Augen. Und der Schnaps ... schmeckte wirklich sehr gut.

III

Bitter sind oft die Zeiten des Lernens – auch für einen Schwarzhändler. Auch ich lernte die Not des Anfangs kennen, musste probieren und den Irrtum kennen lernen, der unser Lehrer ist. Auch ich musste zuerst dankbar nehmen, was mir der Zufall brachte. Gewiss, ich hatte bereits ein schönes Anfangskapital, etwa zweihundert Sahnelöffel und tausend Schachteln Zigaretten. Und die fünfhundert Flaschen Präparieralkohol, die ich den »Wüstenratten« zu ihrer Siegesfeier besorgen konnte, machten mich berühmt auf dem Schwarzen Markt. Doch vorläufig galt ich höchstens als Talent.

Ich musste mich um jedes Geschäft selbst kümmern. Ich konnte noch nicht wählen. Und jeder, der nicht frei wählen kann, wird mir Recht geben, dass dies ein böser Zustand ist. Aber, wie gesagt, auch ein Schwarzhändler bleibt nicht *verschont* von der Mühe und muss jede kleinste *Gelegenheit* ausnützen.

Solch eine Gelegenheit gab es einmal für mich, als ich am Hafen saß und auf das schmutzige Wasser blickte. Ich dachte an eine *Auseinandersetzung*, die ich mit meiner athletischen Wirtin gehabt hatte. Eine beinahe wortlose Auseinandersetzung, die wir an jedem Monatsersten hatten: Sie wollte keine Miete von mir nehmen, aber ich wollte bezahlen.

»Wenn man denkt, wie du und ich zusammenleben,

---

verschonen, frei sein
die Gelegenheit, eine gute Möglichkeit
die Auseinandersetzung, die Diskussion

dann ist es eine Beleidigung, wenn du Miete bezahlen willst«, sagte sie.

Und ich antwortete immer: »Es gibt kein Zusammenleben ohne Korrektheit.«

Dann *lächelte* sie jedes Mal schmerzlich und behandelte mich achtundvierzig Stunden lang mit vorwurfsvollem Schweigen.

Um von diesem Schweigen also wegzukommen, war ich an den Hafen gefahren, saß auf einem Stein und blickte ins Wasser. Es war ein warmer Tag, ich hatte die Jacke ausgezogen und ich war in sehr schlechter Stimmung. Plötzlich sah ich einen Schatten vor mir. Bevor ich mich noch umdrehen konnte, fühlte ich eine Hand auf meinem *Bizeps*, und dann legte sich die Hand vorsichtig auf meine Schulter.

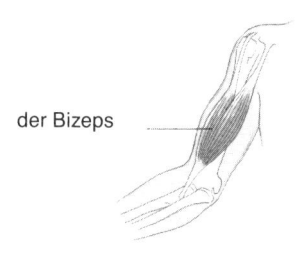

der Bizeps

Eine nicht unsympathische Stimme sagte halblaut: »Du hast ziemlich viel Kräfte, was?«

Jetzt drehte ich mich um und sah einen *schmächtigen*, lächelnden Mann mit farblosem Haar und blauen Wangen. Er trug eine schmutzige Jacke. Auf seinem

---

lächeln, still lachen
schmächtig, kraftlos und hager

Gesicht lag ein Ausdruck vergnügter *Gerissenheit*. Ich war machtlos gegen die merkwürdige Sympathie, die ich sofort für ihn hatte.

»Wenn du willst«, sagte ich, »kannst du die Hälfte des Steins haben. Es sitzt sich gut hier.«

»Ich bin nicht scharf darauf«, sagte er, »aber du kannst mir etwas anderes geben: die Hälfte von deinem Bizeps. Das wäre genug für mich. Das solltest du tun, es *lohnt sich*.«

Jetzt sah ich mir den Mann genauer an und auch er betrachtete mich mit ehrlichem, fragendem Ausdruck im Gesicht. Schließlich fragte er: »Also?«

»Ich habe nie etwas gegen Sachen, die sich lohnen«, sagte ich.

Er nickte. Er lächelte, nickte und war zufrieden. Der allgemeine Mangel damals bewirkte, dass man schnell zueinander fand. Man war auf gleicher *Wellenlänge*. Langes Prüfen und Abfühlen – das war nicht nötig. Der Schwarze Markt, mein lieber Markt, sorgte für den kürzesten Weg zueinander.

Der Mann bot mir eine halbe Zigarette, ich gab ihm Feuer, und dann schlenderten wir langsam, *plaudernd* zu einem traurig aussehenden, fünfstöckigen Mietshaus. Hier wohnte der Mann. Er wohnte im fünften Stock. Seine Frau – ich nehme an, es war seine Frau – öffnete. Ein blondes, schweres Mädchen mit schmutzigem Haar und einem *pausbäckigen* Baby auf dem Arm.

---

die Gerissenheit, die versteckte Klugheit
sich lohnen, Nutzen bringen
die Wellenlänge, die Sympathie
plaudern, sich unterhalten
pausbäckig, mit dicken Wangen

Wir gingen zuerst ins Wohnzimmer, sahen eine Weile auf die Trümmerwiese unter uns, und dann zeigte er mir eine Fotografie an der Wand, auf der der Mann in Uniform war. Dann schob er mich in die Küche.

Das erste, was ich in der Küche sah, sehen musste, war der *Sarg*.

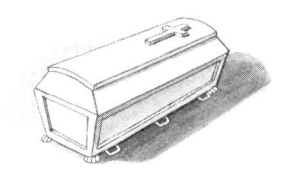

der Sarg

Es war kein neuer Sarg, aber doch noch gut in Ordnung. Er stand halb unter dem Tisch, und ich sah, dass er vom Küchendampf *beschlagen* war. Erschreckt und verwirrt blieb ich stehen, während seine Frau – oder das Mädchen – das Essen für das Baby machte. Ich *starrte* auf den Sarg. Ich sagte:

»Herzliches *Beileid*! Wer ist denn bei euch gestorben?«

Er lächelte kummervoll.

»Unsere Oma«, sagte er. »Sie stirbt jede Woche einmal, jeden Dienstag.«

»Ist der Sarg gefüllt?«, fragte ich.

»Heute ist nicht Dienstag«, sagte er.

Nachdem das Baby gefüttert und auf dem Arm eingeschlafen war, tranken wir Kaffee. Und beim Kaffeetrinken erklärte mir der Mann, warum ich ihm meinen

---

beschlagen, überzogen
starren, fest ansehen
das Beileid, das Mitgefühl

Bizeps geben sollte. Wenn ich mich recht erinnere, sagte er Folgendes:

»Du weißt, Junge, wie schwierig es heute ist, an ein gutes Stück Schweinebraten zu kommen. Manchmal sieht es fast so aus, als ob es keine Schweine mehr gibt. Auf jeden Fall sind sie selten geworden, wie alles, was gut ist. Aber es gibt noch Leute, die wissen, wie Schweinebraten schmeckt. Wir haben unsere festen Käufer.«

»Schlachtet ihr hier in der Küche?«, fragte ich.

»Ja«, sagte er, »ein Kamerad von mir – er ist Friseur in Holland – bringt das Zeug am Montagabend her. In einer Nacht muß alles fertig sein, denn am Dienstag warten schon unsere Kunden darauf; das Pfund bringt sechzig bis achtzig Mark.«

»Und wie transportiert ihr das Zeug weg?«, fragte ich.

Er *streichelte* nachdenklich den Sarg und sagte: »Wir lassen Oma sterben.«

»Gute Idee«, sagte ich, »nur Oma stirbt ziemlich oft, oder?«

»Die Leute im Haus haben sich an die vielen Todesfälle bei uns gewöhnt; es sind alles Kunden. Nein, in dieser *Hinsicht* haben wir keine Sorgen. Was wir brauchen, ist ein Mann, der so stark ist wie du.«

»Ich mache mit«, sagte ich.

Damit war ich im Geschäft und ich hatte die Gelegenheit, neue, durchaus interessante Kenntnisse zu bekommen: Zu den Erfahrungen im Schwarzhandel kamen die Erfahrungen im Schwarzschlachten.

---

streicheln, sanft über etwas fassen
die Hinsicht, der Fall

Meine athletische Wirtin vergaß sofort ihren Ärger. Sie bot sich an, neue Kunden zu finden und fand auch einige unter ihren Judo- und Polizei-Freundinnen von früher. Für die Arbeit, die ich machte, bekam ich einen durchaus gerechten Anteil am Schweinefleisch.

Ich trug ihn in einem *Rucksack* nach Hause, vorsichtig in Ölpapier eingepackt. Meine Wirtin hatte die Aufgabe, die guten Stücke zu *schmoren* und zu kochen. Weniger gute Stücke gab sie den Kunden, das Pfund für sechzig bis achtzig Mark.

Jeden Montagabend erwarteten wir voller Ungeduld den Landfriseur, der auf seinem *Fahrradanhänger* ein halbes *Dutzend Ferkel* hereinbrachte. Wir trugen sie in die Küche meines Mitarbeiters. Mein schmächtiger Kamerad schlachtete sie. Ich rasierte die Tiere in der *Waschbalje*, in der vorher das pausbäckige Baby gebadet worden war.

der Rucksack

die Waschbalje

---

schmoren, braten
der Fahrradanhänger, der Gepäckwagen hinter dem Fahrrad
das Dutzend, zwölf Stück
das Ferkel, ein junges Schwein

Nach der Rasur wurden die Tiere *tranchiert*. Ein strenger Geruch zog durch die Küche, die Fenster beschlugen, um uns herum war Dampf. Ich schnitt und *säbelte* und *hackte*. Das blonde Mädchen mit dem schmutzigen Haar kochte Kaffee, drehte Zigaretten, die sie uns zwischen die Lippen schob, kontrollierte die Straße und horchte an der Tür zur Treppe.

Ich schnitt die rosa Ferkel in kleine Stücke und pfiff. Das Mädchen kam und legte die Stücke in Portionen in den Sarg.

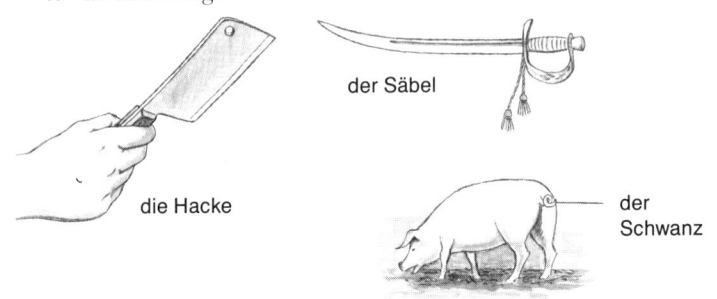

die Hacke   der Säbel   der Schwanz

Manchmal – mitten in der Nacht in unserer hektischen Arbeit – begann das kräftige Baby zu schreien, so laut, dass ich Angst hatte, die ganze Stadt würde davon aufwachen. Dann trug das Mädchen ihr schreiendes Baby herein. Und der pausbäckige, kleine Junge beruhigte sich erst, wenn er einen Schweine-*schwanz* oder ein Ferkelohr zum Spielen bekam. Ja, ich sehe ihn noch auf dem Arm seiner Mutter sitzen, ein Schweinsohr zwischen den krummen, kleinen Fingern, das er wie Papier auseinanderzog. Und dann versuchte

---

tranchieren, mit einem Messer klein schneiden
säbeln, mit einem Säbel klein machen, siehe Zeichnung
hacken, mit einer Hacke klein machen, siehe Zeichnung

er, uns durch das Schweinsohr anzublicken. Dabei stieß er laute Schreie des Vergnügens aus.

Das Baby störte mich mehr als der Gedanke, dass man mich *entdeckte*. Mir wurde jedes Mal leichter ums Herz, wenn ich das Haus am Morgen verließ. Es war die Zeit, wenn die ersten Arbeiter verdrossen in ihre Fabrik gingen. Ich genoss es so sehr, dass ich das Gewicht des Rucksacks nicht merkte.

Meine Wirtin, die während dieser Zeit mehr als fünfzig Gläser Fleisch für uns kochte, muss den irrtümlichen Eindruck bekommen haben, dass ich jedes Mal von einem fröhlichen Schlachtefest nach Hause kam.

Wie immer, lernte ich bei dieser köstlichen schwarzen Arbeit vieles dazu. Ich wurde als *verlässlicher* Fleischlieferant bekannt. Außerdem wurde ich sozusagen ein perfekter schwarzer Handwerker, der bei dem allgemeinen Mangel sehr schnell die Meister*würde* bekam. Ich bin sicher, dass nur der Schwarze Markt solche versteckten Talente hervorbrachte.

Ach, wie viele Talente brachte die Zeit der schönen Not hervor: Juristen wurden Tabakpflanzer, Beamte fanden heraus, dass man Kartoffeln in *Kaffeesatz* braten konnte, ein Matrose wurde zum Kenner orientalischer Teppiche und jede Hausfrau wurde zur Küchengöttin. Der Mangel weckte unsere Fantasie und wir entdeckten überraschende Fähigkeiten, die wir nie besaßen.

---

entdecken, herausfinden
verlässlich, hier: pünktlich
der Lieferant, der Verkäufer
die Würde, die Ehre
der Kaffeesatz, der Pulverrest des Kaffees

Nur der Tüchtige konnte weiterkommen, und es zeigte sich, dass es nur in der Zeit des Schwarzen Marktes Tüchtige gab. Die Initiative im Kleinen war nie größer als damals. Aus einem *lethargischen* Menschen wurde
5 ein Besorgungskünstler. Oft genug war ich über mich selbst überrascht. Doch einmal – ich werde es nie vergessen – bewunderte ich mich selbst: Es war der Morgen, an dem unserem schwarzen Schlachten ein Ende gesetzt wurde.

10 Ich erinnere mich genau, sehe uns noch dastehen mitten im Dampf, mit blutigen Schürzen, säbelnd und hackend, und ein strenger Geruch von Fleisch und ein süßlicher Geruch von Blut zogen durch die Küche und weiter ins Treppenhaus. An diesem Morgen hatten wir
15 bereits sechs wunderschöne Ferkel verarbeitet. Das Fleisch war im Sarg, aber zwei Ferkel schwammen noch im heißen Wasser in der Balje. Und während ich die Ferkel kräftig rasierte, trat plötzlich die Frau, das heißt das Mädchen, in die Küche und sagte ängstlich:
20 »Sie kommen.« Die Angst hatte es ihr unmöglich gemacht, noch mehr zu sagen. Sie zeigte mit der Hand auf das Fenster, von dem man auf die Trümmerwiese blickte.

Mein Kamerad folgte sofort ihrem Wink, sprang ans
25 Fenster, wischte eine Ecke sauber und sagte beinahe tonlos:

»Es stimmt. Sie kommen tatsächlich.«

Nun begann es auch mich zu interessieren und ich fragte, ohne die Rasur zu unterbrechen:

---

lethargisch, schläfrig, teilnahmslos

»Wer kommt da eigentlich?«

»Stell dich hier hin«, sagte mein Kamerad, »dann wirst du sehen.«

So trat ich ans Fenster und entdeckte unten auf der Straße an der Trümmerwiese einen großen Möbelwagen, an dem zwei Polizisten standen.

»Wollen die Fleisch holen?«, fragte ich. »So einen Möbelwagen könnten wir gut für die Verteilung gebrauchen.«

»Was du da siehst«, sagte mein Kamerad, »ist die Zwangseinweisung: unsere neuen Mieter. Wir haben lange dagegen gekämpft, aber ohne Erfolg. Sie sollen unser Wohnzimmer haben, gerade heute.«

»Die respektieren nicht einmal Omas *Begräbnis*«, sagte ich.

»Sieh dir das an«, sagte mein Kamerad, »sie kommen tatsächlich«, und dann, heftig und erregt: »Schnell weg mit dem Fleisch. Weg mit allem.«

Er riss eines der rasierten Ferkel aus der Balje und warf es – nachdem er einige ratlose Blicke durch die Küche geworfen hatte – unter ein altes giftgrünes Küchensofa. Das zweite Ferkel riss er mir aus den Händen, stürzte auf den Gang, kehrte verwirrt zurück und stürzte wieder hinaus. Und dann bemerkte ich, wie er mit dem Fuß einen *schäbigen* Kinderwagen heranzog, das Ferkel hineinwarf und die Betten darüberdeckte. Mit den Armen schlagend kam er zurück, zeigte auf den Sarg, wir schlossen ihn, hoben ihn hoch und *wuchteten* das Fleisch in die Toilette, wo wir ihn hin-

---

das Begräbnis, das Fest für einen Toten
schäbig, alt und kaputt
wuchten, schwer tragen

stellten.

»Noch etwas?«, fragte er.

»Mein *Deputat*«, sagte ich.

Er zog mich in die Küche, wo das ruhige, blonde Mädchen Blut von dem Herd wischte. Dann kippte er eine große Schüssel Fleisch in meinen Rucksack, machte ihn schnell zu, hob ihn an und stieß mich zur Tür hinaus.

»Los, Alter«, sagte er, »dich können wir jetzt nicht brauchen. Verschwinde mit deinem Deputat. Sieh zu, wie du durchkommst!«

Und bevor ich mich noch bedanken konnte, *knallte* er die Tür zu. Ich stand draußen im Treppenhaus. Zurück konnte ich nicht.

Langsam machte ich mir eine Zigarette an und stieg dann – ein bekanntes Morgenlied pfeifend – die Treppe hinunter. Wahrscheinlich hätte ich nicht gepfiffen, wenn ich gewusst hätte, dass mein Rucksack gerissen war und das Blut gleichmäßig auf meinen Mantel tropfte. Doch wie gesagt, ich wusste es nicht, und ich brachte es fertig, wie ein vergnügter Frühaufsteher zu wirken. So kam ich bis zur Tür und wollte gerade *hinausschlüpfen*, als einer der Polizisten plötzlich vor mir stand. Ich lächelte ihn an und sagte freundlich:

»Guten Morgen, Herr Polizeipräsident«, worauf er lächelte und mich gehen ließ. Allerdings nur zwei Schritte, dann rief er mich zurück und griff automatisch zu seiner Pistolentasche. Er hatte gesehen, mit welcher Regelmäßigkeit das Blut aus meinem Ruck-

---

das Deputat, der Teil des Lohnes
knallen, hörbar schlagen
hinausschlüpfen, unbemerkt hinausgehen

sack tropfte.

»Wen haben Sie dadrin?«, fragte er.

Mein Kamerad hätte sicher »unsere Oma« geantwortet.«

Ich fand solch eine Antwort jedoch *unschicklich* und antwortete stattdessen:

»Das Glück war nie bei mir.«

Dann nahm ich den Rucksack ab.

»Aufmachen!«, befahl der Polizist.

Langsam öffnete ich den Rucksack, fasste hinein, zog den Kopf eines Ferkels heraus, auf dem ein zufriedenes Lächeln lag. Um die leicht geöffnete *Schnauze* spielte tatsächlich ein Lächeln, was mich für eine Sekunde nachdenklich machte. Gleich darauf war ich aber wieder Herr meiner Lage, trat auf den Polizisten zu und drückte ihm den Schweinskopf in die Hände.

»Bitte«, sagte ich leise, »Ihre Frau muss es mit *Nelken* schmoren, vielleicht auch mit einem *Lorbeerblatt*«

Er hatte die Sprache verloren. Er sagte kein Wort, als ich meinen Rucksack aufnahm. Er rief mich nicht zurück, als ich davonging. Nachdenklich starrte er auf den Schweinskopf, auf dem dies gewisse Lächeln lag. Natürlich weiß ich, wieviel ich diesem Lächeln zu verdanken habe.

die Nelke   das Lorbeerblatt

---

unschicklich, nicht ordentlich, nicht anständig
die Schnauze, siehe Zeichnung auf Seite 46

die Schnauze

IV

Die Not weckt nicht nur die Fantasie, sie führt das Denken nicht nur auf Wünsche wie Sattwerden und Warmwerden, sondern sie ruft auch *bizarre* Wünsche wach. Die Not lässt uns auch merkwürdige Handlungen vollbringen. Sie weckt unseren Sinn für unnötige Wünsche. Das bedeutet so viel, dass mein Markt durchaus nicht nur *profane* Ziele hatte, dass er nicht nur ein Schauplatz des primitiven Materialismus war. Im Gegenteil: oft genug sah ich Bilder von einer *gewagten*, verrückten Poesie, die sich vielleicht als Vorstufe des Surrealismus bezeichnen lässt.

So sah ich zum Beispiel in meiner Straße des Schwarzen Marktes eine elegante Dame, die auf dem Rücken ein *Hirschgeweih* trug, das sie verkaufen wollte; ich sah zwei junge Männer, die einen großen Spiegel spazieren trugen; ich sah einen Herrn mit einem *Vogelbauer*, in dem eine Flasche war – vielleicht mit Torpedoöl gefüllt; einen Invaliden traf ich, der rote *Fahrradschläuche* anbot. Und einmal stieß ich auf eine Frau,

das Vogelbauer

der Fahrradschlauch

das Hirschgeweih

---

bizarr, merkwürdig geformt
profan, alltäglich, gewöhnlich
gewagt, mutig

die Mausefalle   die Gans   der Pastor

die mit dem Lächeln der Mona Lisa *Mausefallen* anbot, in denen Brotmarken festgemacht waren.

Bilder von merkwürdigem Charme! Ich hatte ein Auge, sie zu sehen und manchmal auch zu genießen. Aber jetzt hatte ich oft damit zu tun, die vielen Menschen zu grüßen, die ich auf dem Markt traf. Denn man kannte mich nun bereits. Ich hatte einen Ruhm, der für einen Händler – und besonders einen Schwarzhändler – nicht ohne Bedeutung war. Die *Anerkennung*, die ich genoss, machte es möglich, dass ich jetzt wählen konnte. Ich konnte akzeptieren oder *zurückweisen*. Die Zeit der Zwangsgeschäfte war vorbei.

Diesen Vorrang verdanke ich unter anderem folgenden Tatsachen: Es gelang mir, dem verzweifelten Direktor eines Krankenhauses vierundzwanzig Betten zu besorgen, obgleich es in der ganzen Stadt keine neuen Betten gab. Außerdem hatte ich Erfolg, einem *Pastor* vierhundert Gesangbücher schwarz zu besorgen. Daran verdiente ich nicht mehr als einen *Gänse*braten und den *Segen* des guten Mannes.

---

die Anerkennung, das Lob
zurückweisen, nicht akzeptieren
der Segen, die göttliche Hilfe

Ich hatte auch eine glückliche Hand, als es darum ging, zwölf englische Armeelastwagen zu verkaufen. Ein mit mir befreundeter Offizier meinte, dass sie übrig waren.

Keinen Erfolg hatte ich nur mit einer hübschen Menge Panzergranaten. Ich hatte sie von meinem alliierten Freund für Schnapslieferungen bekommen. Trotz mühevoller Versuche konnte ich keinen Interessenten dafür finden.

Aber sonst hatte ich immer Erfolg. Der Gewinn kam von allen Seiten auf mich zu, sodass ich eines Tages in der Lage war, meiner athletischen Wirtin eine neue Gummi*matte* zu schenken, auf der sie – die frühere Judo-Meisterin – aus Herzenslust trainieren konnte. Einmal klingelte es heftig an unserer Tür. Draußen stand ein hoch gewachsener, hektischer Mann, der mich um eines der merkwürdigsten Geschäfte bat. Er war ein nervöser Kettenraucher.

»Du bist meine letzte Rettung«, sagte er, »wenn du mir nicht helfen kannst, kann mir keiner helfen. Ich muss dich sprechen.«

Ich sah ihn erschrocken an und fragte nach einer Weile:

Woher, wenn ich fragen darf, hast du meine Adresse?«

»Man hat sie mir *empfohlen*«, sagte er. »Mehrere Leute meinten: Da kann nur Holger-Heinz Lehmann helfen – und das bist du doch?«

»Allerdings«, sagte ich, nicht ganz ohne Zufriedenheit, denn ich sah, wie mein Marktwert war. Höflich

---

die Matte, ein kleiner Teppich
empfehlen, vorschlagen

bat ich den Mann in die Küche – ich bin am liebsten in der Küche –, bot ihm einen Stuhl an und hörte mir seine Rede an. Erst nach und nach merkte ich, mit welch einem gewagten Wunsch der Mann zu mir gekommen war.

Mein Besucher, an dessen Worte ich mich leider nicht genau erinnern kann, sagte ungefähr Folgendes zu mir:
»Mein Vater wird fünfundsiebzig, nicht wahr? Er ist krank, er liegt im Bett, nicht wahr? Trotzdem will die Familie den Geburtstag groß feiern. Bei fünfundziebzig ist das ja auch zu verstehen. Wir haben den Alten gefragt, nicht wahr, was er sich zum fünfundsiebzigsten Geburtstag wünscht. Weißt du, was er sich wünscht? Ein *Denkmal*, nicht wahr, ein richtiges, großes Denkmal – nicht von ihm selbst, sondern irgendein schönes Denkmal, auf das er von seinem Fenster aus blicken kann. Mein Alter ist nämlich Präsident eines Heimatvereins, und so, nicht wahr, erwartet er ein Denkmal, das Verbindung zu seiner Heimat hat. Hast du alles bis jetzt verstanden? Also«, so sagte der hektische Mann weiter, »was wir brauchen, ist ein großes, schönes Denkmal, nicht wahr? Das allein kann den Alten gesund machen, ihm neue Kräfte geben. Er hat uns erklärt, das Bett zu verlassen, wenn er sein Denkmal bekommt, irgendein schönes Denkmal. Damit würdest du, nicht wahr, in gewisser Weise Gutes tun. Ich habe auf dem ganzen Schwarzen Markt gesucht – die Leute meinten: Ein Denkmal, das könntest nur du besorgen.«

An dieser Stelle schwieg mein Besucher, und ich fragte träumerisch in das Schweigen hinein:
»Womit«, fragte ich, »willst du so ein Denkmal

bezahlen?«

»Zuerst mit Marmelade«, sagte der Mann, »mein Bruder hat eine Marmeladenfabrik. Außerdem könnte ich mit Zigaretten bezahlen, mit Einweisungsscheinen, Fettmarken und einer nicht unbedeutenden Menge Taschenkämmen, prima Qualität. Vielleicht wäre mein Vetter bereit, noch einige Kästen *Kerzen* zu besorgen. Jedenfalls wollen wir das Denkmal gut bezahlen.«

»Handelt es sich um *Bienenwachs*?«, fragte ich.

das Denkmal

der Engel

die Kerze

die Puppe

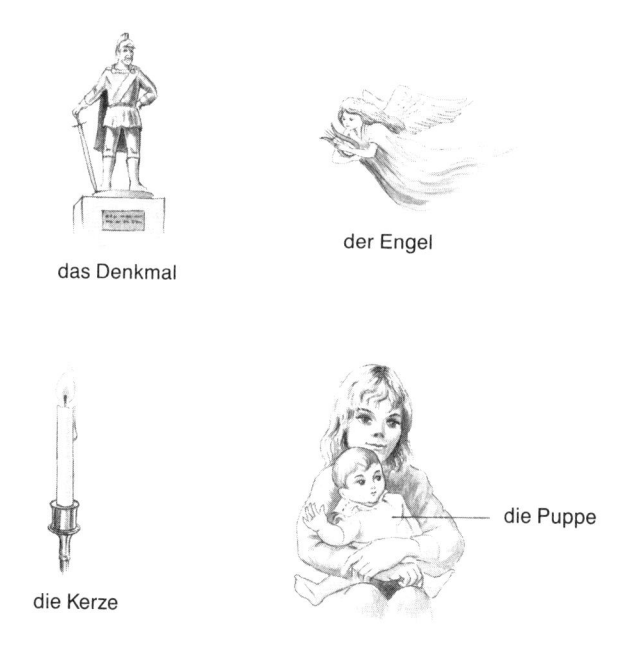

das Bienenwachs, das Material, aus dem man Kerzen macht

»Bestes Bienenwachs«, sagte der Mann.

Ich stand auf, gab ihm die Hand und sagte: »Das Denkmal wird rechtzeitig zum Fünfundsiebzigsten geliefert. Dein Vater wird zufrieden sein, und ihr hoffentlich auch. Wir halten uns an Wachskerzen und Taschenkämme.«

Nachdem ich das gesagt hatte, bedankte sich der Mann heftig und verließ uns. Ich machte mir eine Notiz in meinen Kalender.

Hätte ich gewusst, was ich bei dem Denkmalgeschäft versprochen hatte, hätte ich die Notiz nicht so schnell gemacht. Und ich hätte meinen Selbstrespekt verloren. Vieles war mir auf dem Schwarzen Markt möglich gewesen, und so dachte ich, dass es mir auch möglich sein musste, ein Denkmal zu besorgen. Es war ein durchaus leichtsinniger Gedanke, und meine Lage war fast hoffnungslos.

Überall gab ich Bescheid, dass ich an einem großen Denkmal unbedingt interessiert war. Ich untersuchte alle Möglichkeiten des Schwarzen Marktes – ohne Erfolg. Es war einfach kein Denkmal zu finden, und ich war sicher, an die Grenzen meines Marktes gekommen zu sein. Zwar bekam ich einige *Ersatz*angebote, zum Beispiel eine Statue von Röntgen, dem wir die Erfindung der Röntgenstrahlen verdanken, dann einen gut aussehenden *Engel* aus Sandstein und schließlich sogar einige Schaufenster*puppen*. Ich konnte mich jedoch nicht entschließen, diese Dinger als Denkmäler anzu-

---

der Engel, die Puppe, siehe Zeichnung auf Seite 51
der Ersatz, hier: die unechte Ware

sehen und zu verkaufen. Ich wurde melancholisch und fast zweifelte ich an meinem Markt.

Da lernte ich Bernhard, einen lustigen Offizier der »Wüstenratten«, kennen. Im Zivilberuf war er Schauspieler, und in seiner Freizeit sammelte er Spielzeugpuppen aus aller Welt. Wir wurden gute Freunde und saßen oft im Zimmer meiner Wirtin zusammen.

Eines Abends – nie werde ich es vergessen – bekam Bernhard einen *Anruf*. Ich sah, dass ein Leuchten über sein Gesicht zog, dass er vor Glück und Ungeduld hochzuspringen begann, und dann rief er:

»Meine Jungen haben etwas für mich entdeckt.«
»Puppen?«, fragte ich.
»Wahrscheinlich«, sagte er, »jedenfalls etwas, was mich interessieren könnte. Wenn du willst, komm mit!«

Sofort war ich bereit, wir sprangen in seinen Jeep und fuhren in der Dämmerung eine Straße entlang. Unterwegs erzählte Bernhard mir von seiner Puppensammlung, besonders von einer dicken, nur handgroßen Zulu-Puppe, die – wie er sagte – ein Geheimnis hat, ein besonders lustiges Geheimnis. Er hoffte, dass seine Jungen nun etwas für seine Sammlung entdeckt hatten. So fuhr er schnell, und wir kamen bald zu einer Fabrik, suchten nach einer Einfahrt und fuhren auf den Hof.

Eine »Wüstenratte« erwartete uns. Wir stiegen aus. Wir ließen uns an einer Mauer vorbeiführen, in der kalter *Brand*geruch steckte. Und als wir die Mauer hin-

---

der Anruf, das Telefongespräch
der Brand, das Feuer

ter uns hatten und ein großer Platz vor uns lag, blieben wir plötzlich erschrocken stehen: Der ganze Platz war voll von einer Reihe großer, glänzender *Kerle*, die *Pickelhauben* trugen, Säbel hochhielten und mit *gestreckter* Hand nach Westen zeigten, Einige saßen auf Pferden, andere standen auf *Sockeln*, und diese schreckliche, schweigende Versammlung schien in diesem Augenblick den Atem anzuhalten.

»Mein Gott«, sagte Bernhard, »das ist doch nicht möglich.«

Der *Posten* lächelte.

»Wir dachten, Sir«, sagte er, »es könnte Sie interessieren, Sir. Sie sammeln doch so ein Zeug. Hier ist alles auf einem *Haufen*, Sir.«

Bernhard schwieg, von Hilflosigkeit gequält, und nach einer Weile sagte er ärgerlich:

»Das sind keine Puppen, Menschenskind, das sind Denkmäler!«

»Entschuldigung, Sir«, sagte der Posten, »ich dachte, Sie sammeln so etwas.«

»Denkmäler«, flüsterte ich träumerisch.

die Pickelhaube

der Kerl, ein großer, starker Mann
strecken, gerade machen, hochheben
der Sockel, der große Stein, auf dem ein Denkmal steht
der Posten, die Wache
der Haufen, eine Menge übereinander liegender Dinge

»Was haben die hier zu suchen?«, fragte Bernhard und ich merkte, wie seine Enttäuschung jetzt in Wut *umschlug*.

»Das ist so, Sir«, sagte der Posten, »man hat diese Denkmäler aus ganz Germany hierher gebracht. Hier wurden sie *geschmolzen*. Dann wurden Granaten aus ihnen gemacht. Diese hier wurden vom Frieden überrascht.«

Bernhard ging nachdenklich durch die Reihen der großen, Säbel tragenden Kerle. Plötzlich drehte er sich um und sagte:

»Morgen wird der Schmelzofen wieder angemacht, verstanden? Und alles, was eine Pickelhaube trägt oder einen Säbel hat: rein in den Ofen. Auch alles, was nach Militär aussieht: rein in den Ofen!«

Dann fuhren wir schweigend zurück, Bernhard tief enttäuscht, ich aber glücklich und erregt über den unerwarteten *Fund*. Ich *grübelte* an einem Plan, wie ich eines der Denkmäler bekommen könnte. Ich fühlte einen hundertprozentigen Gewinn.

Es konnte nicht schnell genug gehen, weil ich wusste, welch ein Schicksal Bernhard all den Denkmälern zugedacht hatte. Und noch in derselben Nacht gab ich einer Freundin, die einen Lastwagen hatte, Bescheid, sprach mit einigen Helfern, und am nächsten Morgen fuhren wir wieder hinaus zur Schmelzfabrik, auf deren Hof die dunkle Reihe Pickelhauben tragender, Säbel

---

umschlagen, hier: sich ändern
schmelzen, durch Wärme flüssig werden
der Fund, das Gefundene
grübeln, sehr stark nachdenken

tragender Denkmäler stand. Ich tat es in *Übereinstimmung* mit meinem Plan, den ich mir genau gemacht hatte.

Als der Posten herauskam – er erkannte mich sofort wieder – zog ich ihn in ein langes Gespräch. Wir nahmen einen Schluck aus meiner Taschenflasche, rauchten eine Zigarette, und während dieser Zeit *luden* meine Helfer ein Denkmal des Großen Kurfürsten auf den Lastwagen. Ich hatte es ihnen genau beschrieben. Es war das einzige zivile Denkmal; der Große Kurfürst trug einen mit *Federn* besetzten *Schlapphut* und eine Jagdtasche quer über der Brust.

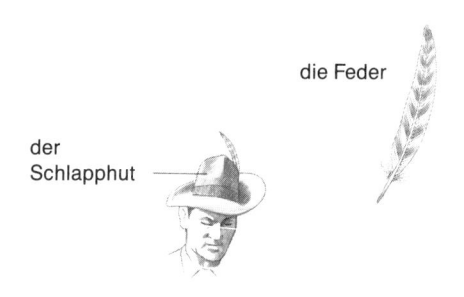

die Feder

der
Schlapphut

Schon auf den ersten Blick war mir dies Denkmal bekannt vorgekommen. Ich glaubte, es in Ostpreußen gesehen zu haben, auf einem kleinen *Hügel*, von dem aus der Große Kurfürst zufrieden auf das winterliche Meer starrte. Jedenfalls stach mir das Denkmal, das einzige zivile, sofort ins Auge.

---

die Übereinstimmung, die gleiche Meinung
laden, packen
der Hügel, ein kleiner Berg

Und während ich mit dem Posten sprach, luden meine Helfer den Kurfürsten auf den Lastwagen. Und dann – zur richtigen Zeit – kam ich auf den Zweck meines Besuches zu sprechen: ich bat den Posten, einen Blick auf die Ladefläche meines Lastwagens zu werfen, und ich sagte ungefähr so zu ihm:

»Sir Bernhard«, so sagte ich, »hat gestern befohlen, alle Denkmäler in den Schmelzofen zu stecken. Ich besitze auch ein Denkmal, von dem ich nicht weiß, was ich damit machen soll. Am angenehmsten«, sagte ich, »wäre es mir, wenn ihr dieses Ding gleich mit in den Schmelzofen steckt.«

Der Posten der »Wüstenratten« sah sich meinen Kurfürsten genau an. Dann sagte er:

»Das ist ein Zivilist. Er sieht sehr gemütlich aus, und außerdem hat er keine Pickelhaube und keinen Säbel. Warum willst du diesen netten Zivilisten in den Schmelzofen stecken? Ich würde es mir noch einmal überlegen.«

»So ein Denkmal«, sagte ich darauf, »nimmt ziemlich viel Platz weg. Darum möchte ich es gern in den Ofen haben.«

»Nein«, sagte die »Wüstenratte« streng, »wir sind froh, wenn diese Kerle hier alle im Feuer sind. Es geschieht ihnen recht mit ihren Pickelhauben und Säbeln. Aber was du bringst, ist eine ehrenvolle Zivilperson, sicher ein *leidenschaftlicher* Jäger. Ich bin selbst Jäger. Und deshalb möchte ich dir den guten Rat geben, diesen Kerl wieder mitzunehmen.«

»Ist dieser Rat«, fragte ich, »ein Befehl?«

»Warum?«, fragte der Posten argwöhnisch.

---

leidenschaftlich, begeistert

»Nun«, sagte ich, »wenn es ein Befehl ist, so tue ich es natürlich und nehme das Denkmal wieder mit.«
»Es ist ein freundschaftlicher Rat«, sagte der Posten.
»Das ist genug«, sagte ich, worauf ich meinen Helfern ein Zeichen gab. Sie *kletterten* auf die Ladefläche, wir fuhren los, und zwar fuhren wir in eine Wohngegend. Dort wohnte mein Auftraggeber, der hochgewachsene, hektische Kettenraucher.

Mit einem Ausdruck von träumerischem Triumph klopfte ich an die Tür und als er vor mir stand, zeigte ich auf den Lastwagen. Meine Helfer wuchteten das große Denkmal des Großen Kurfürsten herunter. Doch nun sah ich etwas Seltsames: anstatt Freude zu zeigen, eine Spur von Zufriedenheit, hob der Mann erschrocken die Hände und *wich zurück*. Dabei schüttelte er sich wie unter einer kalten Dusche. Mir blieb das Wort im Halse stecken, als ich die panische Besorgnis des Mannes entdeckte.

»Was ist denn?«, fragte ich so unhöflich wie möglich. »Gefällt dir das Denkmal vielleicht nicht?«

Er nickte, wich jedoch weiter zurück, sodass ich gezwungen war, ihn mit einem Judogriff festzuhalten. Ich merkte, dass er *zitterte*.

»Was ist denn los?«, fragte ich noch einmal.

»Um Gottes willen«, sagte er, »das ist es. Das ist das Denkmal, das bei uns zu Hause stand, der Große Kurfürst. Mein Großvater hat für das Denkmal Geld eingesammelt.«

---

klettern, hinaufsteigen
zurückweichen, zurückgehen
zittern, aus Angst kurze und schnelle Bewegungen machen

»Dann ist es ja gut«, sagte ich.

Er hob aber die Schultern und *stöhnte*:

»Dieses große Ding, wo sollen wir es aufstellen? Wo sollen wir nur hin mit dem Kerl?«

»In den Garten«, sagte ich, »oder aufs Dach. Dein Vater wünscht sich doch ein Denkmal zum Fünfundsiebzigsten.«

»Sicher«, sagte er verzweifelt, »sicher.«

Er wollte nicht mehr auf den großen, glänzenden Kerl blicken, zog mich ins Haus, zeigte lustlos auf das Honorar, auf einen Haufen Wachskerzen und einen anderen Haufen mit Taschenkämmen. Meine Helfer brachten das Honorar zum Auto. Den Großen Kurfürsten ließen wir im Vorgarten stehen.

Später, viele Wochen später, hörte ich, dass der alte Vater des Mannes sofort gesund wurde, als er das Denkmal aus der Heimat erblickte. Er ließ eine Bank darunter stellen, saß oft da, bis er sehr krank wurde und starb.

Bald darauf wurde der Große Kurfürst von Dieben gestohlen. Sie zerhackten und verkauften ihn. Ich aber denke, wenn ich in diese Gegend komme, immer wieder an dieses seltsame Denkmalsgeschäft, und ich fühle den Stolz, den ich mir dabei verdanken kann.

---

stöhnen, vor Schmerzen klagen

60

V

Der Mensch wird nicht nur durch das bekannt, was ihm möglich ist, er wird auch in gleicher Weise durch das bekannt, was ihm unmöglich ist. Der Schwarze Markt gab mir schon sehr früh diese *Einsicht*. Mein Markt öffnete mir die Augen darüber, dass wir nicht selbst handeln, sondern dass wir auch – ohne es gleich zu wissen – gehandelt werden. Jeder von uns hat selbst einen Kurswert, jeder steht zu Markte. Er wird, auch wenn er es nicht merkt, selbst *feilgeboten*, gekauft und umgetauscht. Und zwar in schwarzer wie in weißer Währung. Wir merken es aber nicht und wir merken es erst, wenn wir zu spät erwachen und dann *feststellen*, dass wir einem neuen Besitzer oder einem neuen Herrn zugefallen sind.

Manchmal wissen wir sogar nicht, dass wir sozusagen unter der Hand – zur eigenen Überraschung – einen neuen, besseren Kurswert bekommen haben. Wir wissen nicht einmal wofür. Plötzlich sind wir in Nachfrage und *umworben*. Damit möchte ich aber nur sagen, dass niemand zu viel und zu schnell Selbstsicherheit an den Tag legen sollte. Mein Markt, der Schwarze Markt, zeigte mir, dass man sich seines eigenen Wertes nicht ganz sicher sein sollte. Um persönlicher zu werden: Zwar hielt ich mich für ein Talent, das in der Lage war, einen Mangel zu beheben; zwar

---

die Einsicht, die Erkenntnis
feilbieten, verkaufen wollen
feststellen, bemerken
umworben, hier: interessant

wusste ich, dass ich auf dem Schwarzen Markt eine gewisse Qualität bekommen hatte. Aber was ich nicht wusste, war die Tatsache, dass der Schwarze Markt mir den *Ruf* eines Künstlers von besonderen Qualitäten
5 eingebracht hatte. Das hörte ich bei verschiedenen Gelegenheiten. Und es wurde mir gezeigt, als eines Tages Benno Ortscholenko *auftauchte* und mich für ein Geschäft interessierte. Bei diesem Geschäft konnte ich zweihunderttausend Papiermark verdienen.

10 Ich hatte zwar nichts von Benno, stattdessen hatte aber er einiges über mich gehört. Sicher hatte er genug gehört, um eines Abends in unserer Wohnung zu stehen. Er stand am Fenster, als ich eintrat, drehte uns seinen Rücken zu, seinen dicken Hals, der einen *mas-*
15 *sigen* Kopf trug. Benno war kurzbeinig, *untersetzt*, seine Hände sehr behaart. Sein Gesicht zu beschreiben, ist mir nicht möglich, denn ich habe es nie gesehen.

Benno stand am Fenster und blickte in die Dämmerung. Und so sprachen wir miteinander: er sprach leise
20 auf die Straße hinaus und ich sprach gegen seinen großen Rücken. Aus Gründen der Vorsicht verbarg Benno mir sein Gesicht. Doch was er wollte, wurde trotzdem klar genug. Benno sagte ungefähr Folgendes:

»Wenn du hast *Freide* – wir können drehen – wie
25 sagt man? – ein *Dingsbums* können wir drehen. Du

---

der Ruf, der Ruhm
auftauchen, plötzlich hervorkommen
massigt, dick, kräftig und groß
untersetzt, klein und etwas dick
Freide, die Freude (benno spricht nicht richtig Deutsch)
Dingsbums, das Ding, die Sache

kannst besorgen Lastauto, ich kann besorgen Silber. Wenn wir laden Silber auf Lastauto und bringen hierher: jeder wird verdienen sehr gut.«

Und in seiner freundlichen Weise erklärte er dann das Geschäft, das mir zweihunderttausend Papiermark bringen sollte.

In einem Wald bei Kassel hatte Benno eine Menge Silber liegen: silberne Gabeln, Messer, Löffel, Uhren und Schmucksachen. Er hatte es dort einfach liegen, doch er konnte seinen Besitz nicht genießen. Er hatte keine Möglichkeit, ihn über die Zonengrenze zu bringen, denn damals gab es noch eine amerikanische und eine britische Zone. Dass man damals solche Werte besaß, war nichts Ungewöhnliches. Ebenso schwierig wie die *Beschaffung* von etwas war der Transport von etwas. Der Transport, besonders der schwarze Transport, war eine Kunst für sich, die allein einen großen Wert hatte. So passierte es denn oft, dass man etwas besaß, ohne sich über diesen Besitz freuen zu können. Es fehlte an Transportmöglichkeiten.

Benno erklärte mir den Plan mit dem Silbertransport sehr genau. Mehrere Käufer warteten schon darauf. Und nachdem er gegangen war – er sprang einfach schnell auf die Straße hinaus – ließ ich mir von meiner Wirtin Tee kochen und berechnete noch einmal Schwierigkeiten und Gewinn. Ich gestehe, dass wir mehr über den Gewinn als über die Schwierigkeiten sprachen.

Nun, bei diesem Transport hielt ich es für besser, meine Wirtin mitzunehmen. Und nicht nur sie: Ich

---

die Beschaffung, die Besorgung

hatte gehört, daß die Amerikaner sehr kinderlieb sind. Wir liehen uns von dem Kameraden, von dem ich die Kunst des Schwarzschlachtens gelernt hatte, das kräftige, inzwischen gewachsene Baby, das während unserer nächtlichen Fleischerarbeiten so laut geschrien hatte. Die Rolle des Babys war fest in unserem Plan eingebaut und es blieb mir nichts anderes übrig, als meinem Kameraden ein Honorar zu versprechen, ein Honorar für das geliehene Kleinkind. Es sollte *sich an der britisch-amerikanischen Zonengrenze bewähren*.

So machten wir uns, nach genauen Vorbereitungen, auf den Weg: meine Wirtin, ein Chauffeur, das gemietete Baby und ich, um in einem gewagten, schwarzen Transport Bennos Silber auf den Markt zu bringen.

Der Lastwagen fuhr mit Holzgas. Das Wetter *begünstigte* unsere Reise so sehr, dass wir auf dem Weg zur Zonengrenze in zufriedener Stimmung mehrere bekannte Wanderlieder sangen. Das kräftige Baby schlief. Es wachte auch nicht auf, als wir den amerikanischen Kontrollposten passierten. Zwei hoch gewachsene Soldaten kontrollierten das Auto, blickten kurz in unsere Papiere und ließen uns – nachdem sie das Baby aus Spaß *gekniffen* hatten – passieren.

Die Hinfahrt ging so vorüber, wie ich mir die Rückfahrt von ganzem Herzen gewünscht hatte. An einem windstillen, warmen Nachmittag kamen wir bei Bennos Helfer an. Das heißt, der Helfer war im Augenblick im Gefängnis. Doch seine Frau wusste Bescheid und sie führte uns in den Wald bei Kassel, in dem das

---

sich bewähren, hier: die Kräfte zeigen
begünstigen, von Vorteil sein
kneifen, drücken, dass es weh tut

Silber versteckt war.

Der Chauffeur und ich folgten ihr. Ohne Zaudern, ohne ein Zeichen von Unsicherheit führte sie uns in den Wald. Sie führte uns *auf Umwegen* dorthin, sodass wir schließlich die Orientierung verloren.

Vor einem Blätterhaufen blieb unsere Helferin stehen, lächelte *versonnen* und zog zwei kurze *Spaten* aus den Blättern. Dann bat sie uns, ohne übertriebenen Lärm zu arbeiten. Wir gruben an einer bestimmten Stelle und schon nach kurzer Zeit stießen wir auf Ölpapier, dann auf alte *Pappe*, auf Säcke und auf wasser-

---

auf Umwegen, auf dem Weg, der länger ist als der direkte Weg
versonnen, nachdenklich
der Spaten, siehe Zeichnung auf Seite 66
die Pappe, dickes Papier zum Einpacken

dichte *Leinwand*. Und nachdem wir die Schutzdecke abgenommen hatten, stießen wir auf eine eingegrabene *Badewanne*, die mit Silber gefüllt war. So hatte Benno es uns auch erklärt: mit Gabeln, Messern, Löffeln, Uhren, Konfektschüsseln und Schmucksachen. Alles war aus reinem Silber.

Betroffen sahen wir uns an. Wir zögerten und fragten uns: Woher kam dieses Silber? Doch die Frau unseres Helfers war in Zeitnot und bat uns um Eile. Und so trugen wir das Silber in Portionen zum Lastauto, wuchteten zuletzt die Badewanne auf die Ladefläche und machten uns auf die Rückreise, das heißt auf den Teil der Fahrt, der eigentlich am gefährlichsten war.

Zuerst irritierte mich die mit Silber gefüllte Badewanne sehr. Doch da wir nichts anderes hatten, war ich schließlich mit dem Einfall meiner Wirtin einverstanden: Wir legten Decken und das kräftige Kleinkind auf das Silber. So begann unser Abenteuer.

Wenn ich mich recht erinnere, war unsere Rückreise ein einziges Abenteuer. Es begann gleich, als wir – vom frühlingshaften Wald kommend – auf eine Chaussee hinauffuhren. Es dämmerte bereits und wir waren plötzlich in einer Kolonne überschwerer amerikanischer Panzerwagen. Die Panzerfahrer waren durch

der Spaten 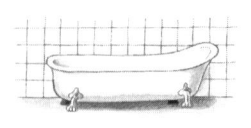   die Badewanne

die Leinwand, sehr dicker Stoff
betroffen, erschrocken

unser Manöver irritiert. Vielleicht hielten sie uns für ein Agentenauto. Jedenfalls dauerte es keine Viertelstunde, bis ein Jeep der Militärpolizei uns aus der Kolonne herauswinkte und stoppte.

Gegen Panzerkanonen kann man nicht viel machen. Deshalb hielten wir also. Von diesem Augenblick an hatte die Militärpolizei ein scharfes Interesse an uns. Sie prüften alles, was zu prüfen war: unsere Papiere, die Papiere des Autos, und zuletzt wollten sie auch die Ladung prüfen. Sie hätten sie gewiss auch geprüft, wenn sie nicht im letzten Augenblick das muskulöse Baby entdeckt hätten, das auf dem Silber lag. So *begnügten* sie *sich* damit, den Kleinen – er hieß übrigens Karl-Zopp – zu *kitzeln* und aus Spaß zu kneifen. Das Baby reagierte mit einem drohenden *Brummen*.

Erleichtert nickte ich dem Chauffeur zu. Der kleine Kerl hatte die Situation zweifellos gerettet. Und nachdem die Militärposten uns befohlen hatten, die Vorbeifahrt der Panzer abzuwarten, sprangen sie von der Ladefläche hinab. Schon wollte ich – frei von dem schweren Druck, Zigaretten verteilen, als es hinter uns laut wurde. Erschreckt drehte ich mich um. Und das, was ich sah, ließ mein Blut kalt und heiß werden: Das kräftige Kleinkind, Karl-Zopp, das Baby, das wir als Alibi mitgenommen hatten, stand *aufrecht* auf dem Silber. Es balancierte auf der Badewanne und hatte etwas in der Hand. Jetzt, einen dunklen Ton der Wut ausstoßend, warf es etwas auf einen der Militärposten,

---

sich begnügen, zufrieden sein
kitzeln, mit dem Finger kleine Bewegungen an dem Körper eines anderen machen, sodass er lachen muss
brummen, lange, tiefe Töne von sich geben
aufrecht, gerade, nach oben gerichtet

der ihn so freundlich gekitzelt hatte. Es war eine silberne Konfektschüssel, die unser Kleinkind dem Polizisten in den Rücken warf.

Der Polizist drehte sich um und *duckte sich* instinktiv, als ob ein neuer Angriff folgen könnte. Und tatsächlich: Karl-Zopp hatte schon etwas Neues in der Hand, ein silbernes Messer, das er gerade werfen wollte. Doch unser Chauffeur war schnell: Er gab ein Beispiel von seltener Reaktionsfähigkeit. Er fuhr plötzlich los, sodass der kleine, wütende Kerl hinter uns das Gleichgewicht verlor und mit dem Rücken auf das Silber fiel. Das Messer fiel aus seiner Hand. Doch er hörte nicht auf. Obgleich wir fuhren und schnell an Fahrt gewannen, suchte er nach einer Möglichkeit, *sich* für das zärtliche Kneifen und die Kitzeleien zu *rächen*. Und dann warf er hintereinander silberne Uhren und Schmucksachen ziellos auf die Chaussee, bis meine Wirtin zu ihm sprang und ihn außer *Gefecht* setzte. Zuerst dachten wir im Ernst daran, das Kleinkind festzubinden. Denn unser Karl-Zopp suchte immer wieder nach der Möglichkeit, an die silbernen Gegenstände zu kommen. Aber wir konnten uns nicht dazu entschließen. Meine Wirtin nahm ihn auf den Arm, hielt ihn mit einem seltenen Judogriff fest und ließ ihn schreien, was er laut und tränenlos tat.

So fuhren wir eine Weile und warfen unsere Gedanken zur Zonengrenze voraus. Dort erwartete uns ja erst die wichtigste Kontrolle. Wir fuhren also, bis wir auf ein-

---

sich ducken, sich nach unten beugen
sich rächen, etwas Böses mit einer bösen Tat zurückzahlen
das Gefecht, der Kampf

mal – mitten in einem Dorf – argwöhnisch die Köpfe hoben und uns kummervolle Blicke zuwarfen. Der Holzgasmotor begann, merkwürdige Töne von sich zu geben, sodass der Chauffeur gezwungen war, anzuhalten. Er stieg aus, sah in den Holzofen, und schließlich kam er zu uns und sagte enttäuscht:

»Der Motor will nicht mehr. Schluss. Bis hierher und nicht weiter.«

Ich blickte meine Wirtin an. Auch ich stieg aus, sah in den Holzgasofen. Nachdem ich entdeckt hatte, dass hier nichts zu machen war, beschloss ich, auf den nächsten Zug umzusteigen.

Da wir glücklicherweise auf einer steilen Chaussee waren, ließen wir das Lastauto zum Bahnhof rollen und trugen die Wanne mit dem Silber auf den Bahnsteig. Das Kleinkind lag obenauf. Wir nahmen Abschied von unserem Chauffeur, der es vorzog, bei seinem defekten Auto zu bleiben.

Wir kauften ordentliche Fahrkarten und warteten auf den nächsten Zug. Obgleich wir mehr als drei Stunden warten mussten, verging die Zeit sehr schnell. Denn wir hatten alle Hände voll zu tun mit dem kleinen Kerl. Er versuchte die ganze Zeit, mit silbernen Gegenständen nach dem *Stationsvorsteher* zu werfen, dessen Mütze er verlangt hatte, aber nicht bekam.

Endlich kam der Zug. Der Stationsvorsteher und zwei Bahnpolizisten halfen uns, die Wanne ins Abteil zu bringen. Auf der Wanne schlief jetzt Karl-Zopp. Alle, die daran teilnahmen, arbeiteten so vorsichtig wie möglich, um den Kleinen nicht zu wecken. Natürlich wunderte ich mich sehr darüber, dass der Kerl, unser

---

der Stationsvorsteher, der Leiter des Bahnhofs

Baby, schlief. Erst später habe ich gehört, warum …

In ihrer Verzweiflung konnte sich meine Wirtin nicht anders helfen, als dem Kleinen eine Schlaftablette zu geben. Er schlief ruhig auf dem Silber, und so fuhren wir der Grenze entgegen, der wichtigsten Kontrolle.

Außer uns saß noch eine vornehme Dame im Abteil – wenigstens sah die Dame vornehm aus. Freundlich lächelnd blickte sie den schlafenden Karl an, sah dann mit einem anerkennenden Blick auf uns, als wollte sie uns zu dem artigen Kind gratulieren. Meine Wirtin und ich hatten nichts dagegen. Dann kam, was ich erwartet hatte. Was viele erwarten müssen, die mit einem schlafenden Baby unterwegs sind: Die alte, vornehme Dame begann ein Gespräch über Karl. Lächelnd fragte sie nach Karls Alter, nach seinen Krankheiten und der Anzahl seiner Zähne. Sie fragte auch nach der Zusammensetzung seiner *Ernährung*, worauf meine Wirtin jedesmal mit verblüffender Sachkenntnis antwortete. Später erzählte sie mir, dass sie diese Kenntnisse in Kursen zur »Ersten Hilfe« gewonnen hatte. Sie musste sie früher als Polizistin mitmachen. Auf solche höflichen, leisen Fragen der vornehmen, alten Dame folgte ein Gespräch. Und während dieses Gespräches merkte ich, dass die Unruhe der alten Dame mit dem Näherkommen der Zonengrenze wuchs. Ihr Gesicht wurde rot und ihre Hände suchten hoffnungslos nach einem Versteck. Schließlich beugte sie sich vor, hob hilflos die Schultern und sagte ängstlich:

»Was meinen Sie? Ist die Kontrolle scharf an der

---

die Ernährung, das Essen

Grenze?«

»Warum?«, fragte ich so ruhig wie möglich.

»Ich habe etwas bei mir«, sagte sie, »dort im Koffer, etwas, das man wahrscheinlich nicht mitnehmen darf.«

»Ach«, sagte ich, »wenn man es sich recht überlegt, ist heute alles verboten. Wir müssen versuchen, trotz der Verbote zu leben.«

»Gewiß«, sagte sie, »doch ich habe etwas bei mir, das speziell verboten ist.«

»Kaffee?«, fragte ich.

»Nein«, sagte sie, »einen Silber*barren*, ein hübsches, großes Ding von vier Pfund. Ich habe den Barren eingetauscht.«

Das Schweigen, das darauf folgte, wird jeder verstehen können. *Heimlich krampften* sich meine Finger in den Unterarm meiner Wirtin.

Ich wusste nichts mehr zu sagen. Und meine Wirtin war es, die den Zustand meiner Verwirrung mit Glück überspielte. Ich wurde erst wieder ruhig, als der Zug langsamer fuhr und in den Grenzbahnhof einlief. Erst der Augenblick höchster Gefahr brachte wieder Leben in mich und gab mir meine *Überlegenheit* zurück.

Der Zug hielt. Türen wurden geöffnet. Man hörte Rufe. Die alte, vornehme Dame hatte ein Taschentuch in den Händen, an dem sie zog und zog. Die Schritte der Zollbeamten kamen näher, wir hörten sie bereits im Nachbarabteil. Die alte, vornehme Dame öffnete

---

der Barren, ein Stück Metall von bestimmter Größe und einem bestimmten Gewicht
heimlich, ungesehen
krampfen, ganz festhalten
die Überlegenheit, das Gefühl von Macht und Größe

den Knopf ihres *Kragens*.

Und dann, als die Schritte auf uns zukamen, legte meine Wirtin ihren Kopf an meine Schulter und blickte so zärtlich wie möglich auf das schlafende Kleinkind. Auf diese Weise machten wir den sicheren Eindruck einer armen, aber glücklichen Familie.

»Haben Sie illegale Waren?«, fragte eine Stimme.

Ich hob den Kopf und sah mit großen, melancholischen Augen den Beamten an. Er hatte übrigens ein Gesicht, das mir sofort unsympathisch war. Dieser Mann – ich erkannte es sofort – hatte beschlossen, zu suchen und zu *schnüffeln*. Er zeigte keine *Großmut*, und so sagte ich in meiner Not:

»Diese Dame hat Silber. Sehen Sie mal in ihrem Koffer nach, da ist ein ganzer Barren drin.«

Der Zollbeamte sah mich skeptisch an, ließ dann den Koffer öffnen und entdeckte tatsächlich einen Silberbarren von etwa zwei Kilo. Er war sehr glücklich, als er den Barren *beschlagnahmte*. Er verschwand und kümmerte sich nicht mehr um unser Abteil.

Kurz darauf fuhr der Zug los. Die alte, vornehme Dame saß in einem *Ohnmacht* ähnlichen Zustand tief seufzend in ihrer Ecke. Ein Ausdruck von Menschen*verachtung* lag auf ihrem Gesicht. Erst nach einer halben Stunde öffnete sie die Augen und sah mich an. Ich merkte, dass sie etwas sagen wollte, jedoch keine Worte fand. Diese Zeit benutzte ich, um zu der Badewanne

---

schnüffeln, ganz genau untersuchen
die Großmut, die Toleranz
beschlagnehmen, in amtlichem Auftrag wegnehmen
die Ohnmacht, die Bewusstlosigkeit
die Verachtung, der Ausdruck des Hasses

zu gehen und unter dem schlafenden Kind silberne Gegenstände im Gewicht von etwa sechs Pfund hervorzuziehen. Ich legte das Silber auf die Bank neben der Dame und sagte:

»Die *überzähligen* Pfunde sind für den Schreck. Danke. Danke vielmals.«

Darauf dauerte es nicht lange, bis wir zu einem herzlichen Gespräch zurückfanden. Die alte Dame lud uns zu einem Stück Kuchen ein. Wir nahmen die Einladung an.

Benno betrachtete die sechs Pfund Silber als *Schwund*.

der Kragen

überzählig, zu viel
der Schwund, der Verlust

VI

Mit Kummer verfolgte ich die neueren Versuche, jedes Risiko aus der Welt zu bringen. Man wollte dafür sorgen, dass bei allem, was man tut, kein *Wagnis* mehr existierte. Der Marktgänger von heute will – im Gegensatz zum
5 Teilnehmer am Schwarzen Markt – vor allem Sicherheit. Er fürchtet sich vor Enttäuschungen. Er fürchtet sich vor dem Irrtum. Er will auf jeden Fall Gewissheiten haben. Und dabei vergisst er, dass ein Markt der absoluten Gewissheiten ein Markt der Langeweile ist.

10 Ich bin nicht für einen Markt *geschaffen*, auf dem es keine Abenteuer mehr gibt, keinen *Aufruhr*, keine Gefahr. Der weiße Markt ist nicht meine Stärke, obgleich sich heute so viele Menschen mit ihm zufrieden geben. Nein, ich brauche einen anderen Markt zu
15 meinem Glück, den Schwarzen Markt, nach dem Wort:

»Sein Schicksal schafft sich selbst der Mann.«

Dazu stehe ich, auch wenn ich gestehen muss, dass ich selbst einmal Opfer der Gefahr wurde. Diese Gefahr drohte jedem, der den Schwarzen Markt
20 besuchte.

Ich glaube, ich sagte schon bei einer früheren Gelegenheit sehr deutlich: Der Schwarze Markt war eine Art Kampfgebiet oder ein Niemandsland, in dem mehr als eine Gefahr auf uns wartete. Wer hier handelte, tat
25 es unter einer versteckten Gefahr. Ich muss allerdings

---

das Wagnis, die Gefahr
geschaffen, hier: geboren
der Aufruhr, das Rebellieren gegen einen Staat
dazu stehen, außer Zweifel sein

hinzufügen, dass die Augenblicke der Gefahr köstlich für Geschäfte sind. Die Angst ist der beste Kaufmann. Gute Schwarzhändler werden mir recht geben. Täglich hing die natürliche Gefahr – ich möchte sagen: ein *Schwert* – über meinem Schwarzen Markt. Zu jeder Zeit, das heißt auch zu unpassender Zeit, war eine *Razzia* möglich. Und obgleich man damit rechnete, lebte man damit und wurde davon beeinflusst. Und doch war man jedes Mal ärgerlich überrascht, wenn man in die bösen Netze einer Razzia kam.

Auch ich blieb von dieser Möglichkeit nicht verschont. Ich erinnere mich genau: es war ein Märztag, warm wie im Juli, und meine athletische Wirtin hatte mich ins Milchgeschäft geschickt, um Sahne für den Morgenkaffee einzutauschen.

Die Sonne schien wirklich so schön, dass ich dachte, sie wollte ihre Wärme schwarz abgeben. In solchen heiteren Gedanken ging ich – *nichts ahnend* – mit meiner Milchkanne quer über den Schwarzen Markt. Plötzlich kam die Razzia. Man hatte die Razzia vor dem

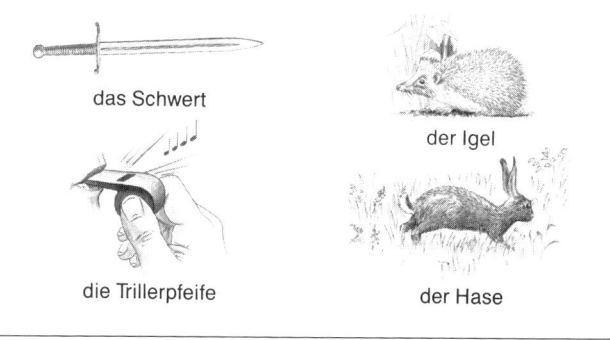

das Schwert

der Igel

die Trillerpfeife

der Hase

---

hinzufügen, ein paar Worte mehr sagen
die Razzia, die polizeiliche Kontrolle
nichts ahnend, nicht wissend

Frühstück begonnen. Die Methode war wirklich sehr einfallslos: Man *riegelte* die Straße *ab*. Man hörte Pfiffe aus *Trillerpfeifen* und unangenehme Kommandos. Wohin das Auge auch blickte, überall tauchten schadenfrohe Polizisten auf – wie *Igel* aus der Erde. Sie lächelten uns, die verzweifelten *Hasen*, überlegen an.

Nicht nur die Straße, die ganze Gegend war abgeriegelt. Wem es gelang, aus diesem Netz herauszukommen, der landete bestimmt in einem Sack. Ich brauche nicht zu sagen, dass jede Art von Bedrohung so auf mich wirkt, dass ich alle Kräfte meiner *Geistesgegenwart* gebrauche. Mit einer *Entrüstung*, die mit Höflichkeit gemischt war – ohne ein Zeichen von Panik übrigens oder Furcht – mit höflicher Entrüstung also suchte ich mir den nächstbesten Polizeikommissar aus, ging auf ihn zu und sagte:

»Was Sie da tun, kann ich nicht verstehen.«

Auf diese Klage winkte er kurz und befahl:

»Rauf aufs Auto, los!«

Und sofort waren zwei Kriminalbeamte zur Stelle, die mich mit einem Polizeigriff zu einem Lastauto transportierten. Mit Hilfe der Judo-Kenntnisse, die ich von meiner Wirtin gelernt hatte, machte ich mich frei und folgte den Beamten mit verdrossener Freiwilligkeit. Sie brachten mich auf einen Lastwagen, zwangen mich, mit zirka fünfundzwanzig Personen auf der Ladefläche Platz zu nehmen und fuhren uns ins nächste

---

abriegeln, fest zumachen
die Trillerpfeife, der Igel, der Hase, siehe Zeichnung auf Seite 75
die Geistesgegenwart, die Fähigkeit, nicht verwirrt zu sein
die Entrüstung, die Wut

Polizeirevier. Dort untersuchte man uns dann, schön ordentlich nach dem Alphabet, sehr genau.

Ich stand etwa in der Mitte der Reihe. Was ich fühlte, war Protest, ein Protest, der immer größer wurde. Und ich hatte Lust, den Protest hinauszuschreien, sobald ich an der Reihe war. Ich glaubte, dass ich zu diesem Protest ein Recht hatte. Ich war doch nur über den Schwarzen Markt gegangen, um Sahne für den Morgenkaffee zu holen.

Und dann war ich an der Reihe. Ich wollte gerade beginnen, meiner Wut Luft zu machen, als ein kleinerer Polizeibeamter mich mit großem Geschick abklopfte. Zu meiner Überraschung zog er aus meiner Brusttasche etwa zwölf Einweisungsscheine, aus meiner Hosentasche eine Schachtel Navy Cut und das Bargeld, das ich gerade bei mir hatte: keine große Summe, vielleicht – alles in allem – vierzehntausend Mark. Stumm legte der kleinere Polizeibeamte die Fundsachen auf den Tisch. Ich brauchte nichts mehr zu sagen. Für den Schnellrichter war es genug, mich mit einem Wink ins Untersuchungsgefängnis bringen zu lassen. Man fand, dass ich es wert genug war.

Es war ein kleines, *armseliges* Untersuchungsgefängnis – von so einer auffallenden Armseligkeit –, dass ich sofort Mitleid bekam. Der Raum, in den mich ein alter, ärgerlicher *Wärter* einschloss, war von einer Schäbig-

---

das *Polizeirevier*, der Arbeitsplatz der Polizei in einem Stadtteil
armselig, sehr arm
der *Wärter*, der Aufpasser im Gefängnis

keit, die mich faszinierte: Heruntergefallener *Mörtel*, abgenutzte, harte Betten, *Zugluft*, *Blech*schüsseln, elektrische *Fassungen* ohne *Birnen*, *wackelige* Stühle.

Gegen all dies war ich sprachlos. Niemand nahm von mir Notiz, nicht einmal mein *Zellen*kamerad, ein uninteressierter, krank aussehender Arbeiter, den man gefasst hatte. Er hatte versucht, tausend junge Bäume auf dem Schwarzen Markt zu verkaufen. Seinen Zustand, den ich den ganzen Tag aushalten musste, möchte ich eine Art quälende Verwunderung nennen: Bruno, so hieß der Arbeiter, hatte von den Chancen des Schwarzen marktes gehört. Er war gleich mit mehreren Lastwagen angekommen und wunderte sich nun, dass nicht alles so gegangen war, wie er es sich erhofft hatte.

Allein also mit Brunos grübelnder, quälender Verwunderung dachte ich während des ersten Tages an nichts anders als die Sahne, die meine Wirtin jetzt *vermisste*. Doch meine Wirtin hörte schnell, wo ich war. Sie kam, um mich über die Schäbigkeit meiner neuen Welt hinwegzutrösten. Außerdem erzählte sie mir über

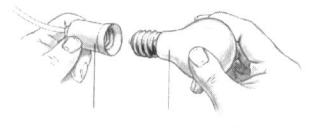

die Fassung   die Birne

---

der Mörtel, das Material, mit dem Steine zu einer festen Mauer verbunden werden
die Zugluft, die kalte Luft in einem Raum
das Blech, dünnes Eisen
wackelig, nicht fest stehend
die Zelle, der Gefängnisraum
vermissen, bemerken, dass etwas nicht da ist

die laufenden Geschäfte – wesentliche Geschäfte übrigens – auf dem Schwarzen Markt. Und ich fühlte es äußerst schmerzlich, dass ich nicht dabei war. So vieles war vorbereitet, war im Gange, dass ich es mir nicht erlauben konnte, aus der täglichen Arbeit herausgerissen zu werden. Doch bald merkte ich, dass meine athletische Wirtin durchaus in meinem Sinne handelte. Und schließlich war ich ja immer noch am Leben.

In meiner Zelle sprachen wir über die wichtigen Fälle: Die Zuckerladung eines Liberty-Schiffes, das sich der Biskaya näherte, musste verkauft werden. Die Zucker-

preise fielen. Ein Wagen Kunsthonig musste zu den Verteilern gebracht werden. Amerikanische Armeestiefel mussten gegen Eipulver umgetauscht werden. Wesentliches musste beschlossen werden; und ich beschloss es
5 in der Zelle des Untersuchungsgefängnisses.

Auch in schäbiger Gefangenschaft *legte* ich *die Hände nicht in den Schoß*. Immer handelte ich nach dem Wort:
»Im Glück nicht stolz sein und im Leid nicht verzweifeln. Das Leid mit Würde tragen!

10 Wir – meine Wirtin und ich – waren mit einem flüsternden Gespräch beschäftigt, als der Wärter lächelnd, unter vielen Verbeugungen und ohne seine Berufsverdrossenheit kam und eine elektrische Birne *einschraubte*. Er brachte auch zwei bequeme Stühle her-
15 ein, brachte ein Tischtuch, brachte eine Vase mit Blumen, und zuletzt servierte er uns dampfenden Tee und Kuchen.

Verwirrt sah ich ihm zu, noch verwirrter aber war Bruno, als er die schönen Bequemlichkeiten sah, die
20 der Wärter uns brachte.

»Was ist los?«, fragte er. »Du bist wohl *ein großes Tier*, was?«

Darauf sagte meine Wirtin:

»Ich habe mir erlaubt, Ihnen den Aufenthalt etwas
25 schöner zu machen.«

Sie lächelte leicht und forderte den Wärter mit einem strengen Blick auf, sein Bestes an Mühe herzugeben.

---

die Hände nicht in den Schoß legen, nicht stillsitzen
einschrauben, die elektrische Birne in der Fassung festmachen
ein großes Tier, ein Mensch in einer guten Stellung

Den genauen Preis, den meine Wirtin für seine Mühe bezahlt hatte, habe ich nie erfahren. Aber die Verbesserung der Bequemlichkeiten und der individuellen *Verwöhnung* war enorm. Nachdem meine Wirtin gegangen war, brachte uns der Wärter neues Bettzeug, brachte auch eine Fußbank, die für die Beine nicht unwichtig ist. Dann hängte er sogar ein Bild an die Wand, zwar nur eine Reproduktion, auf der man den eindrucksvollen Untergang eines Lloyd-Postdampfers beobachten konnte. Ich erlaubte mir, diesen Untergang symbolisch zu erklären: was da in dem Wasser verschwand, war für mich das schäbige, armselige Gefängnisleben.

Aus unserer Zelle also leitete ich die Arbeit des Schwarzen Marktes. Der Wärter übernahm die *Vermittlung*, kleinere Überbringerdienste. Die Ausführung lag bei meiner Wirtin.

Schnell spielte sich alles zufrieden stellend ein und ich vermisste nichts. Ich folgte meiner angeborenen Vorliebe der *Mildtätigkeit* und wurde der *Mäzen* unseres kleinen, schäbigen Untersuchungsgefängnisses. Den Wärter machte ich glücklich, indem ich ihm eine garantiert neue Dienstuniform auf dem Schwarzen Markt besorgen ließ – ein Geschenk, mit dem er nie mehr gerechnet hatte. So standen ihm bei der Übergabe Tränen der *Rührung* in den Augen. Und seine Frau ließ

---

die Verwöhnung, die Behandlung eines Menschen, dem man jeden Wunsch erfüllt
die Vermittlung, das Überbringen
die Mildtätigkeit, Gutes tun
der Mäzen, eine Person, die künstlerische Fähigkeiten finanziert
die Rührung, die innere Bewegung

mir durch ihn – zum Zeichen ihrer Dankbarkeit –
einen Teller Eierkuchen schicken. Dazu hatte ich
allerdings das Fett geliefert. Außerdem machte ich alle
Gefangenen auf unserem Gang glücklich, indem ich –
zum Zeichen der Solidarität – englische Zigaretten an
sie verteilen ließ. Daraufhin stieg eine Wolke süßlichen
Rauchs zu uns herein, sozusagen eine aromatische
Danksagung. Schließlich ließ ich für die Küche
Fett und für den Direktor des Untersuchungsgefängnisses
ein wertvolles Buch besorgen.

Es versteht sich von selbst, dass solch eine Mäzenentat
nicht unbemerkt bleiben konnte. Und so war ich nicht
überrascht, als der Direktor mir eines Tages seinen
Besuch anmeldete. Schon das war sehr ungewöhnlich,
da der Direktor ja im allgemeinen einen Untersuchungsgefangenen
zu sich holte.
 Er ließ sich also melden und kam kurz darauf: Ein
ernster, korrekter Mann mit bläulichen Tränensäcken
und blondem Haar. Sein Name war Jens Uwe Kienappel.
Gleich nachdem er Platz genommen hatte, entdeckte
ich die Spuren heimlicher Mutlosigkeit auf seinem
Gesicht, und später entdeckte ich auf seinem
Gesicht die Spuren von Kummer.
 Wir tauschten allgemeine Höflichkeiten aus, boten
uns gegenseitig Rauchwaren an. Ich gab ihm eine
Senior Service; er gab mir einen mit Zuckerwasser
bespritzten *Eigenbau*, und dann begann er mit einem
vorsichtigen Dank. Nein, er schreckte davor nicht
zurück, mir zu sagen, wie sehr er in meiner Schuld
stand für die vielen Geschenke, für alle Bewise meiner

---

der Eigenbau, der selbst angepflanzte Tabak

Mildtätigkeit. Sie hätten für eine neue Stimmung unter den Gefangenen gesorgt, für die er ja *verantwortlich* wäre. Sanft *wehrte* ich *ab*. Der Direktor nickte bedeutungsvoll und nahm gern eine zweite Senior Service-Zigarette aus meiner Schachtel.

Dann kam der Wärter in seiner neuen Uniform und führte Bruno hinaus. Und nun, als wir allein waren, erzählte mir Jens Uwe Kienappel von seinem Kummer, den ich so früh auf seinem Gesicht entdeckt hatte. Der Grund seines Kummers war einfach:

Der Direktor erwartete eine Inspektion. Man hatte ihm mitgeteilt, dass sich eine ministerielle Kommission die Lage der Untersuchungsgefängnisse in Norddeutschland ansehen sollte. Nicht jeden Tag, aber doch jede Woche konnte man mit dem Besuch rechnen, sagte er. Und wörtlich sagte er:

»Ich kann mir nicht mehr helfen. Wenn die Kommission hierher kommt, wird man *Mängel* entdecken. Die Mängel sind so groß, dass man einen Menschen finden wird, der dafür die Verantwortung trägt. Wer wird dieser Mensch sein? Ich! Man wird mir alles zur Last legen: undichte Fenster, abfallender Mörtel, defekte Öfen, schlechte Toiletten und eine Speisekarte, die vieles zu wünschen übrig lässt. Und sobald man es mir zur Last gelegt hat, wird man mich *entlassen*. Das ist eine Möglichkeit, die man in ähnlichen Fällen oft gebraucht hat. Einen Mann zu entlassen, um schlechte Zustände zu *beseitigen*, ist eine billige Möglichkeit.

---

verantwortlich, für die Ordnung verpflichtet
abwehren, nein sagen
die Mängel, (Phural), die Fehler
entlassen, nicht mehr beschäftigen
beseitigen, aus dem Wege bringen

Aber ich liebe meinen Beruf, verstehen Sie das?«

Ich verstand und sagte:

»Jeder liebt seinen Beruf oder sollte ihn doch lieben.«

Der Direktor drückte mir warm die Hand. Und dann sprach er davon, was er alles versucht habe, um die Zustände in seinem Untersuchungsgefängnis zu verbessern. Überall hatte er sich Mühe gegeben, Handwerker zu bekommen, doch alle hatten höflich abgewehrt: Wegen Arbeits*überlastung*, wie sie offiziell geschrieben hatten.

Für mich gab es keinen Zweifel: Sie hatten sich nur deshalb *geweigert*, weil der Direktor nicht in der Lage war, ihnen auf schwarze Weise einen Lohn zu geben. Seine Mittel – es handelte sich nur um Papiermark – waren nicht genug. Er hatte die Gefängnisbehörden gebeten, ihm Seife oder Wurst zu schicken, damit er die Handwerker bezahlen konnte. Aber die Behörden hatten ihm nur mit einer Strafe gedroht. Kienappel war am Ende, er hatte keine Ideen mehr. Ich merkte, dass die Verzweiflung ihn zu mir geführt hatte und die Mitteilung, dass die ministerielle Kommission kommen würde.

Die Verzweiflung eines anderen Menschen ist mir schon immer nahe gegangen, und diesmal weckte sie auch meinen *Ehrgeiz*. Ich stand auf, gab dem Direktor die Hand und versprach, seine Sorgen zu meinen Sorgen zu machen. Und zwar mit der Dringlichkeit, die

---

die Überlastung, zu viel Arbeit
sich weigern, etwas nicht tun wollen
der Ehrgeiz, der Wunsch anerkannt zu werden

einen schnellen Erfolg garantiert. Dann lud ich den Verzweifelten zu einem Likör ein, und danach trennten wir uns mit einer Umarmung.

Kaum war der Direktor fort, als ich den Wärter rufen ließ und ihn zu meiner Wirtin schickte. Der Wärter brachte meine Wirtin in einem Polizeiauto zu mir. Wir verhandelten nur kurz, denn meine Wirtin besaß als frühere Polizeikraft eine gute Reaktionsfähigkeit.

Und am nächsten Tag zogen bereits mehrere Handwerker in das kleine, armselige Untersuchungsgefängnis: Glaser, Maurer, Tischler und Installateure, die sofort mit der Arbeit begannen. Sie arbeiteten so laut, dass mehrere Untersuchungsgefangene laut protestierten. Ich musste die Leute beruhigen und ich tat es, indem ich ihnen Rauchwaren und Lebensmittel besorgte. Und die Handwerker – Kunsthonig und Eipulver vor den Augen – gaben ihr Bestes her. Das hatte zur Folge, dass unser Untersuchungsgefängnis sehr schnell ein anderes Gesicht bekam.

Täglich besuchte mich der Direktor Jens Uwe Kienappel; unsere Gespräche brachten uns einander näher, und eines Abends zeigte er mir ein Fotoalbum mit Familienbildern, die ich aufmerksam betrachtete.

Dann zogen die Handwerker ab und ließen ein Haus zurück, das sich mit einem dieser schönen skandinavischen Wohnhäuser vergleichen ließ: Es machte einen so schönen Eindruck, dass Bruno beinahe stolz war.

Und an dem Tag, an dem Bruno beinahe stolz war, kam die Kommission: Drei Herren – wie mir der Direktor später sagte –, die mit allem gerechnet hatten. Umso größer war ihre Überraschung, als sie durch das Gebäude geführt wurden und sie die neue *Einrich-*

tung sahen. Ihr Wesen schlug in Begeisterung um, als der Direktor sie einlud, von dem Gefängnisessen zu probieren. Die Mahlzeit dauerte zwei Stunden. Und als dann die Kommission in meine Zelle trat – der Direktor hielt sich im Hintergrund und *plinkerte* mir *zu* – da hatte ich das merkwürdige Gefühl, dass einer der Herren mit Sehnsucht und Verlangen unseren Raum betrachtete. Wahrscheinlich wäre er hier gern Untersuchungsgefangener gewesen.

Wie wir erwartet hatten, wurde unser Direktor bald darauf belohnt und *befördert*. Mich vergaß er nicht. Er bot mir an, Ehrengast des Untersuchungsgefängnisses auf Lebenszeit zu bleiben – eine *Auszeichnung*, die ich gern annahm. Außerdem bemühte er sich darum, dass meine *Verhaftung* als Irrtum anerkannt wurde.

Heute wäre dies alles nicht mehr möglich. Mein Markt, der Schwarze Markt, hat aufgehört, wenigstens vorläufig. Die Zeit des Abenteuers ist vorläufig vorbei. Ich habe meine Sehnsucht ausgenutzt, um ein wenig aus dieser Zeit zu erzählen. Wird sie einmal wiederkommen? Einen Trost gibt mir das Dichterwort: »Was das Schicksal bringt, muß man *ertragen*! Wer *ausharrt*, wird *gekrönt*!«

---

die Einrichtung, die Möbel, die zu einem Raum gehören
zuplinkern, mit dem Auge einen Wink geben
befördern, einem Menschen eine bessere Stellung geben
die Auszeichnung, die Anerkennung
die Verhaftung, die Festnahme
ertragen, aushalten
ausharren, bis zum Ende aushalten
gekrönt werden, hier: belohnt werden

FRAGEN

1. Was bedeutet das Wort »Schwarzer Markt«?

2. Warum interessierten sich die Menschen nach dem 2. Weltkrieg für den Schwarzhandel?

3. Auf welche Weise deckten die sogenannten Weißhändler ihren täglichen Bedarf?

4. Bitte beschreibe die historischen Hintergründe der »Wüstenratten«!

5. Welche Zonen gab es nach dem Krieg in Deutschland, und warum war Deutschland geteilt?

6. Welchen Grund hatte der Autor, vom Schwarzen Markt zu erzählen?

7. Welchen Unterschied gibt es nach Meinung des Autors zwischen dem Schwarzen und dem Weißen Markt?

8. Was ist ein Einweisungsschein, und warum musste man nach dem Krieg einen solchen Schein in Deutschland haben?

9. Wie besorgten sich die Schwarzhändler die Einweisungsscheine, und was machten sie damit?

10. Schreibt der Autor deiner Meinung nach eine realistische oder eine übertriebene Geschichte? Begründe deine Meinung!